나는 왜 괜찮은 아이디어가 없을까?

혁신적인 아이디어로 무장한 세계 1%들의 창의적 습관

나는 왜 괜찮은 아이디어가 없을까?

오상진 지음

비즈니스북스

나는 왜 괜찮은 아이디어가 없을까?

1판 1쇄 발행 2016년 8월 25일
1판 6쇄 발행 2022년 10월 27일

지은이 | 오상진
발행인 | 홍영태
발행처 | (주)비즈니스북스
등 록 | 제2000-000225호(2000년 2월 28일)
주 소 | 03991 서울시 마포구 월드컵북로6길 3 이노베이스빌딩 7층
전 화 | (02)338-9449
팩 스 | (02)338-6543
대표메일 | bb@businessbooks.co.kr
홈페이지 | http://www.businessbooks.co.kr
블로그 | http://blog.naver.com/biz_books
페이스북 | thebizbooks
ISBN 979-11-86805-32-9   03190

비즈니스북스는 독자 여러분의 소중한 아이디어와 원고 투고를 기다리고 있습니다.
원고가 있으신 분은 ms1@businessbooks.co.kr로 간단한 개요와 취지, 연락처 등을 보내 주세요.

아이디어는 머리가 아닌
습관에서 나온다

"당신은 창의적인 인재인가요?"

어느 날 한 강연장에서 예고도 없이 이런 질문을 받았다. 오랫동안 강연을 해왔지만 그날 그 질문에는 어쩐지 당황해서 말문이 막혔다. 그리고 이어진 질문은 더욱 곤혹스러웠다.

"제일기획은 창의적인 광고를 만드는 회사이니 그곳에 근무하는 분들은 당연히 창의적인 인재들이겠죠?"

순간 내가 할 수 있는 일이라곤 머리를 긁적이며 이렇게 자문하는 것뿐이었다.

'창의적인 인재를 대체 어떻게 정의할 수 있을까? 어떻게 하면 창의적인 인재가 될 수 있을까?'

창의적 인재란 어떤 사람들을 말하는 것일까? 대한민국의 거의 모든 기업의 인재 모집 요건에 등장하는 가장 흔한 문구가 '창의적 인재'다. 그런데 우리는 창의적 인재가 어떤 사람인지 깊이 생각해 본 적이 없다. 단지 '아이디어가 많은 사람' 정도가 전부다. 그렇다면 그 아이디어는 대체 어디서 어떻게 나온단 말인가? 인간이 일정한 숫자를 입력하면 답이 출력되는 컴퓨터도 아닌데 말이다.

우리는 흔히 창의적 인재란 창의성을 타고나거나 아주 어릴 때부터 특별한 교육을 받았거나, 유대인들처럼 이를 뒷받침하는 환경을 통해 길러지는 것으로 알고 있다. 그러니 성인이 돼 머리가 굳어진 우리와는 관계없는 먼 나라의 이야기라고 생각해 왔다. 하지만 정말 그럴까?

◇

잠깐 내 이야기를 해볼까 한다. 나는 17년 넘게 창의성과 관련된 사람들을 만나고 창의적 인재를 양성하는 일을 하고 있다. 삼성미술관 리움에서 수많은 예술가들의 작품 세계를 접하고 문화적 충격과 난해함 속을 헤매던 시절이 있었다. 미술관 큐레이터들과 예술가들의 창조 원천에 대해 많은 얘기를 나누었지만 결론은 '잘 모르겠다'였다. 흔히 예술가들의 세계를 '그들만의 리그'라고 부르는 것과 맥을 같이한다고나 할까?

삼성인력개발원에서 삼성그룹 리더들의 창의력 증진을 위해 다양한 프로그램을 기획하고 강의했지만 과연 교육을 통해 창의적인 인재를 양성할 수 있느냐는 의구심만 커졌다. 자신의 가치관과 일하는 방식이 명확한 집단에 교육은 그리 큰 효과를 가져 오지 못했다. 어쩌면 당연한 것일지도 모른다. 이후 대학원에 진학하고서도 머릿속에는 온통 창의성과 관련된 것들로 가득 차 있었다. 많은 학자들의 논문을 살펴봤지만 다들 청소년기 이전의 창의력 향상에 관한 것들이었다. 성인의 창의력, 아니 '회사원'들의 창의력 향상에 대한 논문은 거의 찾아보기 어려웠다. 그러던 어느 날 좋은 기회가 찾아왔다. 바로 제일기획이라는 광고회사로 이직을 하게 된 것이다.

이곳에서 일하면서 창의성에 대한 막연한 의구심을 어느 정도 해소할 수 있었다. 자타가 공인하는 창의적인 인재들이 모여서 창의적인 결과물을 만들어 내는 집단이기에 지금까지 해보지 못했던 다양한 경험을 할 수 있었다. 국내외 창의력 관련 프로그램을 적용시켜 보기도 하고, 무작정 해외로 나가 다양한 최신 트렌드를 접해 보기도 했다. 인재들이 그들의 창의성을 더욱 잘 발휘하도록 제도를 바꾸고, 교육을 기획하고, 역량을 진단해 보기도 했다.

그런데 허무하게도 결론은 간단했다. '창의성에는 정답이 없다'는 것이었다. 열 명이면 열 가지의 다양한 특성과 자신만의 노하우를 가지고 있는 그들이었다. 결국 창의성이란 마음가짐과 의식적인 행동, 즉 '습관'에서 비롯된다는 결론을 얻었다.

그들은 집단을 형성하고 '그들만의 문화'를 이루고 있었다. 그리고 의식적으로 자기 최면과 행동을 통해 자신을 창의적인 인재로 만들어 가고 있었다. 정해진 프로세스도 없다. 늘 해오던 방식대로, 몸에 배어 있는 습관대로 생각하고 문제를 해결해 왔던 것이다. 이는 창의적인 기업이라고 불리는 집단들의 공통된 특징이기도 하다. 습관이 그들을 창의적인 인재로 만들고 그들의 기업을 창의적인 기업으로 만들어 낸다.

"왜 우리는 창의적이지 못할까?" 곰곰이 생각해 보면 답이 나온다. 바로 스스로 창의적인 인재라고 생각하지 않기 때문이다. 어쩌면 당연한 생각이다. 하지만 어느 누구도 태어날 때부터 창의적 인재라고 불린 사람은 없다. 그저 '자신의 일에 충실할 뿐'인 것이다. 일을 잘하기 위해 일하는 방식이 습관처럼 몸에 배어 버렸고 그것이 창의적 인재가 된 원인이었다.

그렇다면 창의적 집단의 인재들이 가지고 있는 공통된 습관을 익히면 일반인들도 창의적 인재가 될 수 있지 않을까? 이 책은 바로 여기서 시작됐다. 앞서 강의에서 받았던 당황스러운 질문에서부터 시작된 것이다.

나는 이 책에서 창의적인 인재들은 어떤 특징과 공통점을 가지고 있는지 살펴볼 것이다. 16가지로 특징지어지는 그들만의 습관을 통해 일반인들도 쉽게 실천할 수 있도록 그 방법을 제시할 예정이다.

첫 장에서는 다양한 시각으로 끊임없이 상상하고 관찰하는 상상가dreamer, 관찰자observer, 파괴자rule breaker, 탐험가explorer로서의 습관을, 두 번째 장에서는 상상력의 산물을 구체적으로 결합하고 디자인하는 해결사problem-solver, 연결자connecter, 질문자questioner, 창조적 모방가imovator로서의 습관을 담아 봤다. 세 번째 장에서는 몰입가engagor, 혁신가mover, 실패자fail up, 도전가braver로서 위대한 창조적 리더의 전제 조건인 '실행'을 위한 습관을 다루었다. 그리고 마지막 장에서는 기록자recorder, 스토리텔러story-teller, 긍정가positive thinker, 열정가passioneer로서 아이디어를 만들어 내고 실행한 과정과 경험을 또 다른 아이디어의 밑거름으로 만들어 내기 위한 습관을 제시했다.

또한 다양한 독자들의 이해를 돕기 위해 과학자, 예술가, 기업인, 작가, 영화인 등 사회 각 계층의 다양한 사람들의 사례를 살펴보았다. 창의성 영역에서 활동하는 인재들의 특징을 이해하기 쉽게 풀어내려고 했고, 이를 우리가 일상에서 어떻게 따라 해볼 수 있을지 구체적인 실천 방법을 설명했다.

만약 당신이 창의성에 대해 막연한 생각을 가지고 있다면 습관을 바꿔 보라고 권하고 싶다. 이 책에서 제시한 창의적인 인재들의 습관들을 몸으로 익혀 보는 것이다. 어디서부터 읽어야 할지 고민할 필요도 없다. 16개의 장 중 마음 가는 대로, 손 가는 대로 읽어 보고 일상생활에 적용해 보자. 당신의 시간을 바꾸고, 공간을 바꾸고, 생각을 바꾼다면 당신의 미래도 바뀔 것이다. 이것이 습관의 숨겨진 힘이다.

습관이란 정형적이며 자동적으로 발생하는 반응이라는 점에서 자유로이 변화하는 의도적 반응과 구별된다고 한다. 또한 습관은 습득된 결과라는 점에서 선천적 반응과도 다르다. 즉, 배우고 익히면 타고나지 않아도 자동적으로 몸에 배는 것이 습관이다. 창의적 인재들의 16가지 습관을 몸에 밸 때까지 습득하고 연습해 보자. 자기도 모르게 어느 순간 창의적 인재가 돼 있는 자신을 발견할 수 있을 것이다. 마지막으로 《중용》에서 언급된 창의적 인재의 5가지 조건에 대해 말하고 마무리하고자 한다.

첫째, 박학博學이다. 진정 배우려면 완전히 통달할 때까지 포기하지 않는다. 둘째, 심문審問이다. 한번 물으면 정확히 알 때까지 묻고 또 질문해야 한다. 셋째, 신사愼思다. 한번 생각하면 명확한 해답을 얻지 않고는 그만두지 않는다. 넷째, 명변明辯이다. 한번 판단하면 제대로 밝히지 않고는 그만두지 않는다. 다섯째, 독행篤行이다. 한번 행동하면 확실히 실천할 때까지 그만두지 않는다.

창의성은 그리 어려운 영역이 아니다. 특히 일상에서나 기업에서 요구하는 창의성은 더더욱 그렇다. 우리가 창의적이지 못한 것은 스스로 창의적 인재라고 생각하지 않기 때문이다. 즉, 창의적 인재들의 습관을 익히고 따라 한다면 충분히 해낼 수 있는 영역이다. 내가 이 책에서 이야기하는 16가지의 습관과 함께 옛 고전에서도 언급한 박학, 심문, 신사, 명변, 독행의 5가지 원칙을 실천한다면 누구나 창의적 인재로 거듭날 수 있을 것이다.

유난히도 더웠던 여름 한가운데에서
오상진

Part

3

Execute

아이디어가 서 말이라도 꿰어야 보배

Part

4 **Apply**

경험은 또 다른 아이디어의 밑거름

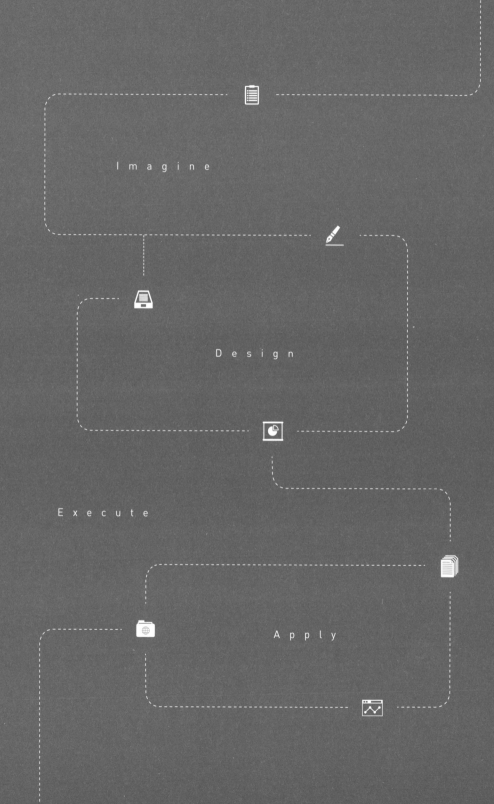

Imagine

Design

Execute

Apply

Part 1

Imagine

아이디어를 발견하기 위한 준비운동

창조의 시작은 상상력이다. 수많은 경험과 지식과 다양한 시각으로 아무런 제약 없이 어린아이처럼 상상하는 것이다. 이것은 특정 업무나 시간에만 하는 것이 아니라 마치 몸에 밴 습관처럼 언제 어디서나 계속돼야 한다. 문화, 예술, 음식, 사람 등 세상의 모든 것을 경험하고 느껴 보자. 끊임없이 상상하고 떠오른 영감을 주변 사람들과 나눠 보자. 이를 위해서는 세상의 모든 것을 눈여겨볼 수 있는 관찰자observer, 창조적 파괴를 통해 새로운 룰을 만들어 내는 파괴자rule breaker, 호기심과 꿈을 통해 새로운 것을 발견해 가는 탐험가explorer가 돼야 한다. 상상 위의 상상, 상상 너머의 상상! 이제껏 생각할 수 없었던 다양한 방법을 통해 세상을 움직이는 창의적 인재가 돼보자.

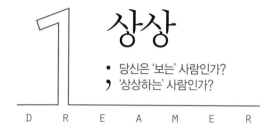

상상

- 당신은 '보는' 사람인가?
- '상상하는' 사람인가?

D R E A M E R

2009년 세계 영화시장에 한 획을 긋는 엄청 난 일이 벌어졌다. 27억 8,800만 달러의 흥행 성적을 거둔 《아바타》가 개봉된 것이다. 많은 영화인들은 향후 수십 년 동안 이 기록이 깨지지 않을 것이라고 장담했다. 더 놀라운 일은 세계 최초로 20억 달러의 흥행 성적을 거둔 《타이타닉》도 같은 감독의 작품이라는 것이다. 그 외에도 《터미네이터》, 《에일리언》 같은 역작을 내놓은 이 감독의 이름은 제임스 캐머런James Cameron. 그가 이렇게 엄청난 영화들을 만들

수 있었던 비밀은 대체 무엇일까? 바로 '상상력'이다. 캐머런은 시간과 공간을 초월한 상상력이야말로 그의 영화를 있게 한 근간이었다고 말한다.

○ '루저'에서
● '거장'이 되기까지

1954년 캐나다의 작은 마을에서 태어난 제임스 캐머런은 어린 시절 내내 공상과학소설에 빠져 살았다. 책은 그를 전혀 다른 세상으로 데려가는 통로이자 끝없는 호기심을 채워 주는 상상력의 보고였다. 수업이 없는 날이면 자연이 또 다른 상상력의 창고가 됐는데, 캐머런은 숲에서 개구리나 뱀 등을 잡아 현미경으로 들여다보면서 호기심을 마음껏 충족시키곤 했다. 한마디로 그는 과학밖에 모르는 괴짜였다! 이 세계의 가능성과 한계를 이해하고자 했던 그에게 과학은 무한한 상상력을 채워 주는 도구였던 것이다.

그가 공상과학에 빠지게 된 데는 당시 달과 심해 탐험에 대한 세상의 관심이 크게 영향을 미쳤다. TV에 펼쳐진 바닷속 풍경은 소년 캐머런이 상상조차 하지 못했던 장면들이었고, 결국 그는 열다섯 살 때 스킨스쿠버다이빙을 배우게 됐다. 약 3,000시간 동안 바닷속을 탐험하면서, 그리고 상상했던 것보다 훨씬 더 많은 생명들을 관찰하면서 그의 상상력은 더욱 커져 갔다. 늘 자신이 상상하는 이야기와 이미지를 세상에 보여 주고 싶었던 캐머런은 이때부터 영화감독의 꿈을 갖게 됐다고 한다. 글로 표현된 공상과학소설을 이미지화하고 그림으로 표현하기 위해 그는 머릿속에 커다란 스크린을 세우고 상상의 나래를 펼치곤 했다.

하지만 그의 인생은 결코 순탄하지 않았다. '나이 31세, 학창 시절 왕따, 대학교 중퇴, 트럭운전수 경력'이라는 이력에서 알 수 있듯 온갖 힘든 일들을 감당해야 했다. 그러나 고단한 삶 속에서도 놓지 않았던 것은 바로 상상력이었다. 사실 이력서에는 적을 수 없었던 그의 진정한 잠재력은 '영화광', '놀라운 상상력', '풍부한 예술적 감각'이었다.

첫 흥행작 《터미네이터》도 그렇게 탄생했다. 영화감독을 하는 조건으로 시나리오는 단돈 1달러에 팔렸다. 심지어 이 영화가 겨우 640만 달러로 만들어졌다면 믿겠는가? 이 돈은 당시 만들어 졌던 영화들의 평균 제작비 절반에도 못 미치는 수준이었다. 게다가 특수효과가 대부분인 SF영화가 저예산 영화라니, 상상이 가는가? 하지만 캐머런은 턱없이 부족한 현실에서 꿈을 이뤄 냈다. 그래서 그의 상상력이 더욱 빛나는 것이다.

캐머런은 호기심이야말로 우리의 가장 강력한 무기이고, 상상력은 그것을 실현시킬 수 있는 힘이라고 말한다. 그리고 상상력을 펼쳐 내려면 끊임없이 탐험해야 한다고 한다. 자연의 상상력은 인간의 상상력에 비하면 실로 끝이 없기 때문이다. 스스로 한계를 부여하지 않고 실패를 두려워하지 않는 탐험 정신은 캐머런의 상상력을 현실로 끌어올리는 원천이 됐다.

○ 돈을 쓰기 전에
● 상상력을 써라

"도전적인 기업가들은 돈을 쓰기 전에 상상력을 쓴다."

미국 와튼스쿨 이언 맥밀런Ian McMillan 교수의 말이다. 어떤 일이든 상상력을 먼저 활용하면 돈을 절약할 수 있고 그 효과도 뛰어나다. 사실 이것은 상상력의 위대함을 표현한 말이기도 하다. 우리 주변에서도 상상력을 활용해 한정된 비용으로 효과를 극대화한 사례를 종종 볼 수 있다.

첫 번째 사례는 앞서 언급했던 제임스 캐머런 감독의 출세작《터미네이터》다. 1984년에 제작된 이 SF영화를 못 본 사람은 아마도 없을 것이다. 미래에서 현재로 시간 여행을 온 살인 로봇의 이야기로, 당시 놀라운 특수효과로 유명세를 타기도 했다. 많은 사람들은 이 영화의 제작비가 상당했을 것이라고 생각하지만 그렇지 않다. 겨우 640만 달러밖에 들지 않았다! 당시 미국 상업영화의 평균에도 못 미치는 수준이다. 대체 어떻게 가능했을까?

사실《터미네이터》의 원래 시나리오는 미래의 로봇들과 전쟁을 치른다는 스토리였다. 그런데 미래의 전쟁 장면을 화면에 담으려면 엄청난 비용이 들어가기에 영화의 설정을 확 뜯어고친 것이다. 즉, 돈을 쓰기 전에 상상력을 동원해서 시간의 설정을 미래가 아닌 현재로 바꿨다. 그래서 미래에서 온 살인 로봇이 현실 세계의 존 코너라는 인간을 없애기 위해 시간 여행을 한다는, 우리가 잘 아는 시나리오가 만들어졌다.

기가 막힌 상상력이 아닐 수 없다. 수많은 로봇 군단이 아니라 달랑 로봇 하나만 등장시키면 끝났던 것이다. 이뿐만이 아니다. 캐머런은 특수효과를 최소화하기 위해 로봇인 터미네이터의 모습을 천천히 공개했다. 그리고 클라이맥스에서 터미네이터의 전신 장면은 인형을 활용해 스톱모션으로 촬영했다. 그것도 터미네이터가 부상당했다는 설정으로 부자연스런 행동을 하게 만들어 기술적 측면에서 퀄리티 높은 장면을 선보이지 않아도 됐던 것이다. 캐머런은 이렇게 말했다. "진정 위대한 상상력은 돈의 한계를 뛰어넘는다."

광고에서도 이런 사례들을 종종 볼 수 있다. 예를 들어 커피 광고 하면 그 모델로 흔히 김태희, 공유, 신민아, 원빈, 이나영, 김우빈, 강동원, 김연아 등 수많은 셀럽들이 떠오를 것이다. 이 모델들의 공통점은 바로 출연료가 높다는 점이다. 못해도 수억 원은 호가하는 이들이다. 그런데도 기업에서 이런 모델들을 기용하는 이유가 뭘까? 커피는 기호 식품으로 맛의 차별화가 별로 없기에 모델의 이미지로 판매 효과를 노리기 때문이다.

그런데 2009년 기발한 상상력으로 이 법칙을 과감히 깬 광고가 등장했다. 바로 맥스웰하우스 광고다. 출발부터 달랐던 이 광고는 돈을 쓰기 전에 상상력을 썼다. 톱 모델을 과감히 버리고 젊은 층을 타깃으로 삼아 대학생들을 '길거리 캐스팅'한 것이다. 방법도 너무나 간단했다. 100명의 대학생을 만나 한 가지 질문을 했고 그 장면을 화면에 담았다. "하고 싶은 말이 있는 사람에게 당신의 말을 전하세요." 학생들은 맥스웰커피 한 캔을 마신 뒤 평소 말하고 싶었던 메시지를 자연스럽게 말했다. 그런데 이것이 젊은이들의 감성을 자극했고 광고는 저렴한 비용으로 최대의 효과를 누렸다. 총 34편으로 만들어진 이 광고는 TV, 극장, 케이블 등 젊은 층이 선호하는 매체에 실렸고, 결과적으로 모델료와 매체비용을 엄청난 수준으로 줄일 수 있었다. 돈을 쓰기 전에 상상력을 썼기에 거둔 쾌거였다.

2012년 칸 광고제에서 상을 받은 펩시의 페트병 태양전구 프로젝트 역시 돈보다 상상력을 이용해 전 세계적으로 이슈가 된 결정판이라고 볼 수 있다. 필리핀은 세계적으로 전기료가 가장 비싼 나라 중 하나다. 이 나라의 저소득층 주거 지역은 낮에는 물론 밤에도 전깃불을 켜지 못하는 집이 많다. 밤에는 잠을 자면 되지만 낮에 불을 켜지 못하는 것은 치명적이었다. 창문 없이 슬레이트와 양철 지붕으로 만들어진 이들의 집은 낮에도 늘 깜깜했기 때문이다. 게다가 어린 자녀들이 유괴 및 각종 사건들에 노출돼 있어 한낮에도 문을 열어 놓지 못했다.

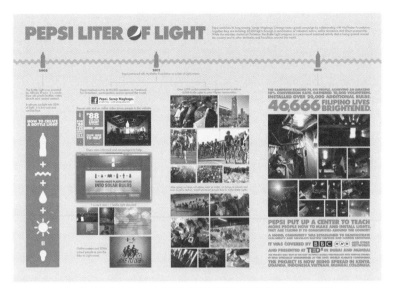

페트병 전구 아이디어로 필리핀의 어두운 집들을 환히 밝혀준 펩시의 캠페인

　어떻게 하면 필리핀 저소득층 가구들의 주간 조명 문제를 해결할 수 있을까 고민하던 이들은 돈보다 상상력을 쓰기로 했다. 많은 돈을 들여 전기 시설을 확충한 것이 아니라 지붕에 구멍을 뚫고 그 자리에 물과 표백제를 넣은 페트병을 설치해 55와트의 빛을 만들어 낸 것이다. 의외로 원리는 간단했다. 페트병에 들어 있는 물이 햇빛을 굴절시켜 '페트병 태양전구'를 만들어 낸다는 원리다.

　상상력은 여기서 그치지 않았다. 1만여 명의 자원봉사자를 동원해 전국에서 페트병을 모았다. 그 결과 환경 문제가 동시에 해결된 것이다. 그리고 페트병 태양전구를 대량생산하기 위한 교육센터를 설립했다. 기업과 학교와 개인을 모집한 후 전구를 만들고 설치하는 방법을 교육시켰다. 그리하여 돈을 거의 들이지 않고도 4만 7,000여 가구에 빛을 선물할 수 있었다.

나중에 테드엑스_{TEDx}에도 소개된 페트병 태양전구 프로젝트는 케냐, 우간다, 인도네시아, 베트남, 뭄바이, 콜롬비아로 확산됐다. 돈을 쓰기 전에 상상력을 활용해서 전 세계적인 반향을 이끌어낸 사례라 할 수 있다.

○ 픽사와 레오나르도 다빈치의
● 공통점

"한계란 없다. 다만 당신의 상상력에 한계가 있을 뿐이다."

두바이를 새롭게 창조한 셰이크 모하메드_{Sheikh Mohammed bin Rashid Al Maktoum}의 말이다. 인간의 상상력에는 분명 한계가 있다. 흔히 영화를 위대한 상상력과 창의력의 산물이라고 하지만 인간이 만든 영화 속 상상력의 한계는 여러 곳에서 볼 수 있다. 과연 인간은 자신이 경험하지 못한 것을 상상할 수 있을까?

한 예로 SF영화에 단골로 등장하는 외계인은 우리의 마음속 한구석에 늘 존재한다. 그러나 사실은 그 누구도 외계인을 보지 못했다. 그런데 영화 속 외계인의 모습에 인간의 형상이 담겨 있는 건 왜일까? 우리는 외계인이 인간과 다를 것이라고 생각하지만 우리가 만들어 낸 외계인은 약간 변형된 인간의 모습이거나 우리 세계에 존재하는 동물들의 모습이다. 우리가 보아 온 수많은 SF영화 속 외계인은 늘 비슷했다. 두 개의 눈, 하나의 코, 두 개의 귀, 하나의 입, 얼굴과 몸통, 두 개의 팔, 두 개의 다리를 가지고 있다. 겉모습은 물론 생각하는 것과 행동하는 것은 더욱 인간을 닮았다. 선과 악, 연민, 폭력성, 욕망을 지닌 외계인은 결국 인간의 또 다른 모습일 뿐이다.

이렇듯 인간의 상상력은 결코 무한하지 않다. 경험에 기초할 뿐이다. 그러면 어떻게 해야 상상력의 한계를 넘어설 수 있을까? 획기적이진 않지만 상상력을 극대화할 수 있는 방법으로 집단의 창의력을 활용하는 것과 서로 다른 영역의 컬래버레이션collaboration을 만들어 내는 것이 있다.

《토이 스토리》, 《몬스터 주식회사》, 《라따뚜이》, 《월-E》, 《인사이드 아웃》 등 이름만 들어도 알 수 있는 이 작품들은 애니메이션 스튜디오 픽사의 작품들이다. 창의력의 달인 스티브 잡스가 설립한 이 회사는 세계 최고의 상상력 공장이라고 불린다. 이렇게 픽사가 출시하는 작품마다 성공을 거둔 이유는 무엇일까? 첫 번째는 서로 다른 영역의 컬래버레이션을 통해 상상력을 극대화했기 때문이다. 기술과 예술의 만남, 이것이 상상력의 원동력이 됐다. 《토이 스토리》를 제작한 존 래시터John Lasseter 감독은 "예술은 기술을 변화시키고, 기술은 예술에 영감을 준다."고 말했다. 그는 과학자나 엔지니어도 작가만큼 창의력을 갖춰야 한다고 강조한다.

어쩌면 이 시대 최고의 천재 예술가로 불렸던 레오나르도 다빈치는 예술가이면서 동시에 과학자였기에 천재라는 칭호를 얻을 수 있었던 것인지 모른다. 그는 〈모나리자〉와 〈최후의 만찬〉을 그려 낸 르네상스 시대 이탈리아를 대표하는 천재적 미술가였지만 또한 과학자, 기술자, 사상가로서 조각, 건축, 토목, 수학, 과학, 음악에 이르기까지 다양한 재능을 보였다. 비행기 설계도를 그려 내고 정확한 인체비례도를 남겼으며 심지어 요리법과 조리 기구에도 큰 관심을 보였다.

이렇게 보면 상상력이라는 녀석은 기술이라는 오른쪽 날개와 예술이라는 왼쪽 날개를 모두 갖춰야만 아름답고 화려하게 비상할 수 있는지 모른다. 양쪽 분야의 컬래버레이션이 작용해야 가능한 것이다.

두 번째 비결은 이 컬래버레이션이 기본이 되는 집단창의력이다. 상상력은 경험에서 비롯된다. 그리고 개인의 경험에는 한계가 있으므로 타인과 경험을 공유해야 상상력이 극대화된다. 대다수 영화사들이 개인주의 성향을 강조하는 데 반해 픽사는 유독 협력을 중시한다. 이런 문화를 가장 잘 보여 주는 예가 매일 진행되는 리뷰 회의다. 이 회의에서는 아직 완성되지 않은 애니메이션을 다른 부서의 사람들이 보고 자유롭게 자신의 의견을 개진한다. 이것은 다른 이의 상상에 자신의 상상을 덧붙이는 작업이다. 각 분야의 전문가이자 관객들이 덕지덕지 붙인 상상들은 누구도 생각지 못했던 상상력의 한계를 깨는 데 결정적인 역할을 한다.

실패한 아이디어란
없다

자, 이제 당신의 상상을 현실 세계로 가져와 보자. 어떻게 해야 상상을 현실로 만들지 해답을 찾기 위해 꿈과 환상의 왕국 월트디즈니로 가보자. 이곳에는 '이매지니어'imagineer라는 독특한 사람들이 살고 있다. 이매지니어는 상상imagine과 기술자engineer의 합성어로, 이들의 임무는 놀라운 아이디어를 상상하고 이를 현실화하는 것이다.

이매지니어는 디즈니의 주요 수입원이 된 영화와 애니메이션을 현실 세계에 다시 구현하는 일을 한다. 이들의 일은 엉뚱한 상상에서부터 시작된다. '디즈니 만화에 나온 인형이 살아나 내 친구가 된다면 어떨까?' '우리가 아주 작아져서 《토이 스토리》의 주인공이 된다면?' 꿈을 현실로 만드는 월트디즈니 이매지니어링센터에 살고 있는 이매지니어들에겐 규칙이 있다. 어떤 이유로든 상상력에 대한 압박 금지가 그것이다. 상식적으로 말이 안 돼도 OK. 현재 기술로 불가능해도 OK. 천문학적인 돈이 들어도 OK. 이런 규칙이 즐겁고 재미있는 상상을 통해 창조의 씨앗을 키운다. 이것을 그들은 상상 인큐베이션 과정 '블루스카이 프로세스'Blue Sky Process라고 부른다.

이매지니어들이 이뤄 낸 업적은 다양하다. 그리고 기발하고 엉뚱하다. 화려하고 정교한 불꽃놀이 시스템, 갑자기 눈을 뜨고 관객을 향해 달려드는 공룡, 《니모를 찾아서》의 잠수함을 실제로 타 보는 바닷

속 여행, 아주 작아져서 《토이 스토리》 주인공이 되는 체험 등 매일 예술과 기술을 결합해 꿈과 환상을 현실로 만든다. 디즈니에서 '마법사'로 통하는 이들은 이렇게 말한다.

"실패한 아이디어는 없다. 지금 실현하기 어려운 아이디어는 나중에 실현할 아이디어다."

"기술은 상상력을 구현하는 데 중요한 도구지만 구현할 수 없는 기술을 탓하지 않는다. 오히려 스토리텔링에 집중한다."

"이매지니어의 작업 영역은 140가지에 이른다. 언제나 팀을 이뤄 작업해야 하고 협업을 통해 상상력을 극대화한다."

이들이 전하는 마지막 메시지는 이렇다.

"블루스카이 프로세스란 상상력이 갖는 창조의 힘을 굳게 믿고 즐거운 상상에 목숨을 거는 상상 인큐베이팅 프로세스다. 무엇보다 먼저 상상을 하라. 상상력으로 행복한 꿈을 그려 내면 곧 그 꿈을 실현시킬 방법도 찾게 될 것이다."

의도적으로 상상을 만들어 내는 네 가지 습관

철학자 임마누엘 칸트Immanuel Kant는 이런 말을 했다.
"인간의 정신적 능력 중 가장 중요한 것은 상상력이다."

실패한 아이디어는 없다.
지금 실현하기 어려운 아이디어는
나중에 실현할 아이디어다.

이렇게 중요한 정신적 능력인 상상력을 지금보다 더 높이려면 어떻게 해야 할까? 많은 사람들이 상상이란 그냥 하면 되는 것처럼 생각하지만 상상에도 하는 방법이 있다. 이 방법을 통해 상상하는 일을 습관화한다면 훨씬 효과적으로 할 수 있게 된다. 물론 효과적이란 말이 조금 어색하긴 하지만 막연한 상상보다는 돈이 되는 상상이 좀 더 효과적이지 않을까?

효과적으로 상상력을 높이려면 우선 '투영과 동화'를 통해 감정이입 능력을 길러야 한다. 상상력의 천재로 불리는 소설가 베르나르 베르베르Bernard Werber는 인간이 아닌 개미와 외계인 등 다른 존재를 통해 세상을 그려 낸다. 그가 지닌 상상력의 원천은 모든 사물에 대해 투영과 동화를 적용하는 것이다. 대상에 자신을 비춰 보며 대상의 생각, 느낌, 행동과 하나가 돼본다. 내가 아닌 이 세상 모든 것들의 관점에서 세상을 바라보면 전혀 색다른 상상력이 발휘되는 것을 느낄 수 있다. 베르베르는 이렇게 말했다. "매일 나무에 손을 얹고 뿌리부터 잎까지 모두 느껴 보세요. 그러면 당신은 나무가 될 겁니다. 밤에는 별이 돼 지구를 내려다보세요. 우리가 사는 세상이 달라 보일 겁니다."

사물의 시선으로 세상을 보라고 그는 말했다. 나와 공존하는 사물에 감정을 이입시켜 마치 사물이 말하는 것인 양 상상력을 키워 보자. 아주 색다른 경험을 할 것이다.

상상력을 높이는 두 번째 방법은 사칙연산, 즉 늘리고 더하고 빼고 바꾸는 것이다. 예를 들어 중국집에서 우리가 자주 사 먹는 짜장면과

짬뽕을 보면 사칙연산으로 어떻게 상상력을 발휘했는지 알 수 있다. 일반 짜장면에 곱하기를 적용해 '짜장면 곱빼기'라는 메뉴가 생겼고, 짜장면의 짜장을 나눠 '간짜장'을 만들었다. 그리고 짬뽕과 짜장면을 한 그릇에 담아 '짬짜면'을 만들었다. 또 짬뽕에서 빨간색 국물을 빼면 '백짬뽕'(하얀짬뽕)이다. 이렇듯 우리의 주변 상황에 사칙연산을 적용하면 전에는 생각지 못했던 새로운 것을 창조해 낼 수 있다.

세 번째 방법은 기존의 상상에 새로운 상상을 결합시키는 것이다. 연상 기법을 활용해 하나의 개념에 전혀 다른 단어를 결합시키고 그 단어와 연관된 단어를 기술한다. 그리고 연관된 단어에 해당하는 내용으로 연상을 진행시킨다. 예를 들어 평소에 관심 있는 분야의 단어를 떠올려 보자. 그 단어가 영화관이라면 영화관을 획기적으로 만드는 상상을 해본다. 그리고 영화관과 관련된 단어들을 기술해서 다시 그와 관련된 상상을 해나간다. 이것은 의도적으로 상상을 만들어 내는 방법으로, 평소에 이런 훈련을 해두면 상상을 쉽게 할 수 있다. 습관으로 만들어 보자.

마지막으로, '상상가'들의 작품을 되짚어 보는 방법이 있다. 상상가들의 특징과 그들의 습관을 롤모델로 삼는 것이다. 똑같이 따라 해도 무방하다. 제임스 캐머런처럼 소설책을 읽거나 자연을 탐구하며 상상력을 키울 수 있다. 머릿속 스크린에 상상을 이미지화하고 이것을 다시 글로 옮기는 작업을 해보자. 또한 픽사의 존 래시터 감독처럼 기술과 예술의 컬래버레이션을 통해 다양한 영감을 얻을 수도 있다. 디즈니의 이매지니어들처럼 영화 속 상상을 현실에 구현하는 작업을 해보는 것도 좋다. 이렇게 상상을 잘하는 사람들의 성공 방정식을 따라 해보는 것은 사실 상상력을 키우는 가장 좋은 방법이다.

2 관찰

- 모든 기회와 해답은
, 관찰에서 나온다

O B S E R V E R

실리콘밸리 하면 무엇이 떠오르는가? 하이테크, 정보통신기술, 앱 서비스 등을 떠올릴 것이다. 혹자는 프로그래밍에 몰두하며 창업을 꿈꾸는 백인 남성의 이미지가 떠오른다고 할지 모른다. 최첨단을 달리는 테크놀로지의 메카에서 백인 남성의 이미지라니, 너무나도 인종차별적인 발언이 아니냐고 하겠지만 실제로 실리콘밸리에서 백인을 선호하는 성향은 통계적으로 입증된 사실이다. 2014년 6월 기준 글로벌 IT기업의 흑인 비율은 구글의 경우 총 4만

6,000여 명의 임직원 중 단 2퍼센트를 차지했다. 야후와 페이스북은 더 심각해서 고작 1퍼센트의 직원만이 흑인이다. 미국 전체 인구의 13퍼센트가 흑인이라는 점을 감안할 때 참으로 어처구니없이 낮은 수치가 아닐 수 없다.

벤처캐피털 안드리센 호로비츠Andreessen Horowitz에서 전속기업가로 활동하던 트리스턴 워커Tristan Walker는 바로 이 점에 착안해 완전히 새로운 기업을 세웠다. 그는 큰돈을 버는 것보다 세상을 근본적으로 바꿀 수 있는 삶을 꿈꿨다. 그리고 백인의 세상 실리콘밸리에서 소외 계층인 유색인종에 초점을 맞췄다. 전 세계 하이테크의 수도라 불리는 실리콘밸리에서 하이테크도, 앱 서비스도 아닌 생활용품 스타트업을 설립해 화제가 된 것이다. 바로 유색인종을 위한 미용용품 기업 워커앤드컴퍼니Walker & Company다.

첫 제품은 흑인을 위한 면도용품 세트인 베벌Bevel 시리즈였다. 이것은 면도용품 세트를 정기적으로 받아 보는 서비스다. 비즈니스 모델은 간단하다. 처음 회원 가입 시 59.95달러를 내면 30일 동안 사용할 수 있는 스타터 키트Starter Kit를 보내 준다. 면도기, 30일치 면도날, 브러시, 오일, 면도크림, 애프터셰이브로 구성돼 있다. 그리고 다음 달부터는 29.95달러가 월 회비로 부가되고 90일마다 면도용품 세트를 받는다.

사실 이는 많은 스타트업 기업들이 선보였던 서브스크립션 커머스 subscription commerce(소비자가 일정한 금액을 지불하면 사업자가 정기적으로 특정 상품들을 선별해서 제공해 주는 서비스)의 형태를 그대로 답습한 것이다. 그런데 미국 소비자들의 반응은 뜨거웠다. 2014년 2월 출시 이후 서비스 신청 고객은 매달 50퍼센트 이상 증가했고 재구매 비율은 90퍼센트를 넘어섰다. 왜일까? 진부한 비즈니스 모델이었지만 CEO인 워커가 자신의 경험을 기반으로 끊임없는 관찰을 통해 소비자의 니즈를 정확히 파악했기 때문이다.

창의적인 사람들의 특징 중 하나는 복잡하거나 새로운 기술에서 문제의 해답을 찾지 않는다는 것이다. 그들은 평범한 일상 속에서 남들이 보지 못하는 불편함을 찾아내는 능력이 뛰어나다. 워커는 흑인 남성 80퍼센트, 전체 남성의 30퍼센트가 면도 후 여드름 같은 염증이 발생하는 레이저 범프razor bump를 경험한다는 데 주목했다. 그런데 흥미롭게도 할아버지 세대에서는 피부 트러블이 흔치 않다는 사실을 알게 됐다. 여러 개의 다중면도날은 피부 표면에 있는 수염까지 깎아 내는 것을 강점으로 내세운다. 하지만 수염이 억세고 구불구불한 남성의 경우 면도 후 수염이 피부 안으로 파고들어 레이저 범프가 발생한다. 그리고 대부분의 흑인 남성은 여기에 해당된다.

워커는 바로 자신의 경험을 통해 이를 간파하고 4중날, 5중날 등 다중면도날이 주를 이룬 시장 트렌드를 역행하면서 단일 면도날을 채택했다. 상업성보다는 사람의 경험을 먼저 생각하는 휴머니즘에 기반한 발상이었다.

또 다른 성공 요인은 스토리텔링을 기반으로 한 감성 마케팅이다. 편모슬하에서 자란 워커는 어떻게 면도를 해야 할지 몰랐던 어린 시절을 떠올렸다. 그래서 소중한 기억을 남길 수 있는 감성적 접근을 통해 소비자의 마음을 움직였다. 면도법 책자가 포함된 스타터 키트를 제공하고, 유명인들의 면도법 동영상을 공개하면서 면도에 얽힌 추억들을 제공해 면도용품을 스토리가 담긴 문화 상품으로 끌어올렸다. 또한 간결하고 단순한 제품 디자인과 고급스런 포장으로 면도를 일상에서 누리는 기분 좋은 사치로 전달했다. 면도는 남성이 성장하면서 겪는 단순한 과정이지만 여기에 이야기와 감성, 문화적 경험을 덧붙여 생활용품 기업으로서는 전례 없는 성공을 이뤄 낸 것이다.

기술에서 답을 찾지 마라
해답은 사람이다

창의적인 사람들은 세상을 아주 넓게 바라볼 뿐 아니라 관찰에 매우 능하다. 사소한 것 하나하나까지 다 관찰하면서 필요한 정보를 머릿속에 입력하는 습관이 있다. 관찰을 위해 이들이 활용하는 도구는 카메라, 필기도구, 휴대용 녹음기 등이 있다. 어디에 갔는지, 어떤 사람을 만났는지, 그들과 어떤 얘기를 했으며 어떤 일이 일어났는지 끊임없이 관찰하고 기록한다. 그들은 사람들이 당연하게 받아들이는 사소한 일도 예민하게 감지해서 이를 다른 시각으로 해석한다.

그렇다면 무엇을 봐야 할까? 많은 사람들이 궁금해 하는 부분이

다. 세계적인 디자인 컨설팅 기업 프로그Frog의 얀 칩체이스Jan Chipchase
는 '하는 것doing과 하지 않는 것don'ting'을 봐야 한다고 말한다. 이것은
평범한 사람들의 활동을 완전히 새로운 눈으로 바라보는 방법이다.
그는 하는 것과 하지 않는 것 사이의 전환점을 '한계치'threshold라고 부
른다. 이 한계치를 탐구하면 사람들의 특정 행동을 이해할 수 있고
창의적인 아이디어를 생각해 낼 수 있다.

일반적으로 저소득층 사람들은 저렴한 물건을 선호하는 경향이 있
다. 어쩌면 당연한 말이다. 그런데 무턱대고 저렴한 물건을 공급했다
가 실패한 사례가 있다. 바로 인도에서 저소득층을 대상으로 출시한
2,900달러짜리 자동차 타타 나노Tata Nano다. 이 자동차는 2010년 12월
《뉴욕 타임스》New York Times에서 "누구도 사고 싶어 하지 않는 국민차"라
는 불명예를 얻었다.

2009년 타타모터스가 내놓은 초저가형 자동차 나노의 출시 배경
은 이렇다. 인도의 주 교통수단은 자전거와 오토바이다. 그런데 가족
서너 명이 오토바이 한 대에 의지하는 경우가 많고 사고도 잦아서 사
회적으로 문제가 됐다. 타타모터스 회장은 저소득층 국민들에게 자
전거와 오토바이를 대체할 수 있는 안전한 저가형 자동차를 공급하
자는 취지에서 나노를 출시했다. 일단 저렴하니까 저소득층 중심으로
차를 구입할 것이라는 단순한 생각에서였다.

하지만 인도의 저소득층은 타타 나노가 아닌 두 배 이상 비싼 마
루티 스즈키 알토Maruti Suzuki Alto를 선택했다. 왜일까? 타타 나노는 가격

측면에서는 혁신적이었지만 품질이 전혀 보장되지 않았기 때문이다. 충돌 실험은 최악의 결과를 보여줬고, 주행 중 차량 내부 문제로 화재가 발생하는 등 안전성에서 많은 문제점이 발견됐다. 이는 '저소득층이라면 품질보다는 저렴한 가격을 더 선호할 것'이라는 통념에서 비롯된 결과였다. 실제로 저소득층의 구매 성향은 우리의 통념과 다르다. 이들은 동전 한 푼이라도 최대한 효율적으로 써야 하기에 오히려 어설픈 제품을 살 형편이 못 된다. 따라서 수중에 3,000달러가 있어도 화재 발생이 잦다고 소문난 차를 살 수는 없었다. 차에 화재라도 발생하면 재구입이 어렵기 때문이다.

만일 타타모터스에서 신차 출시를 위해 저소득층의 구매 행태를 면밀히 관찰하고 그들의 생활 속으로 들어가 그들에게 정말로 무엇이 필요한지 파악했다면 이런 실수를 저지르지 않았을 것이다. 문제의 답은 일반적 통념이나 복잡한 기술에 있는 것이 아니라 사람에 있었다. 단순해 보였던 저소득층이야말로 세계에서 가장 까다로운 소비자군이었던 것이다.

관찰!
어떻게 시작해야 할까?

효과적인 관찰은 어떻게 시작해야 할까? 가장 기본적인 준비물은 기록이 가능한 도구다. 앞서 언급했듯이 카메라도 좋고, 노트와 펜도 좋다. 아니면 음성녹음기도 효과적이다. 도구들이 준비됐다면 두 가지 방식으로 관찰을 시도해 볼 수 있다. 하나는 현지의 일상을 관찰해 생생하고 유용한 정보를 얻는 것이고, 다른 하나는 사람들의 다양한 행동을 일정한 틀 안에 넣어 분석하는 방법이다.

첫 번째 방식의 예를 들어 보자. 만일 당신이 새로운 지역으로 여행을 떠난다면 어떤 방식을 선택하겠는가? 가이드를 대동해 사람들이 많이 다녀간 이정표와 전형적인 관광 코스를 열심히 따라다니는 방식을 선호할지도 모른다. 이런 사람들은 다른 지역의 다른 문화를 보러 가서도 겉으로 드러나는 일반적이고 피상적인 경험을 하고 올 것이다. 반면에 탐험하는 것을 좋아하고 일부러 길을 잃기도 하면서 의외의 경험을 즐기는 유형이라면 아주 실망스럽거나 아주 독특한 경험을 할 수 있다. 이런 경험은 참신한 아이디어나 새로운 시각으로 이어질 가능성이 높다. 이때 가장 좋은 교통수단은 자전거다. 도시 전체를 주민들과 같은 시선에서 바라볼 수 있고 도시의 세부적인 특성을 간파할 수 있다.

두 번째 방식은 프레임워크를 활용하는 것이다. 먼저 이해관계자 맵stakeholders map을 통해 문제를 둘러싼 사람들 간의 관계도를 그린다. 그리고 섀도잉shadowing 기법으로 사람들을 관찰하면서 그들의 경험을 지도로 그려 문제를 찾고 분석하며 해결한다. '고객여정지도'customer journey map라 불리는 이 방법은 하루 동안 소비자가 일반적으로 겪는 각각의 사건에 관한 상세 정보를 제공하고, 한 사건에서 다음 사건으로 옮겨 가는 방법을 도표화한다. 사용자의 경험을 생생하고 체계적으로 시각화할 수 있다는 장점이 있다.

고객이 서비스와 상호작용하는 터치 포인트를 분석하다 보면 혁신적인 아이디어를 찾아낼 수 있다. 예를 들면 사람들이 흔히 찾는 백화점에 가보는 방법이 있다. 먼저 고객들이 백화점에서 만나는 이해관계자들을 기술해 본다. 주차장 안내원, 인포메이션 데스크 직원, 매장 직원 등 상호작용이 일어날 수 있는 사람들을 빈도와 영향 순으로 기술한다. 그리고 특정한 고객을 타깃으로 삼아 그들이 어디서 무엇을 하는지 상세하게 기록한다. 그러면서 그 고객이 '하는 것'과 '하지 않는 것'을 파악하고 그것을 왜 하는지, 왜 하지 않는지를 분석해 보면 다양한 접점의 개선 사항을 도출해 낼 수 있다.

○ 월드컵 축구화를 만들어 낸
● 통찰의 힘

창의적인 사람들은 통찰력이 뛰어나다. 그런데 통찰력은 철저하게 소비자의 삶을 통해서만 배울 수 있다. 즉, 사람들이 날마다 하는 수많은 행위들의 관계를 분석해 나가는 과정에서 창의적인 통찰이 발생한다.

통찰력을 기르기 위해서는 일반적으로 앞서 언급한 두 가지 방식을 사용한다. 그중 프레임워크를 활용하는 방법은 단순히 필요한 제품을 만드는 것이 아니라 왜 그것이 필요한지를 파악하고, 사용하는 행위를 만들어 주는 과정이라고 볼 수 있다. 프레임워크를 활용해 통찰을 얻어 낸 대표적인 사례로는 스포츠 전문기업 아디다스를 들 수 있다.

나이키에 밀려 만년 2위를 고수했던 아디다스는 2000년 이후 부활하기 시작했다. 그 비결은 철저한 '수요 지향적 개발'에 있었다. 이를 위해 아디다스는 인류학자와 민속학자까지 동원했다. 이들은 실제 소비자들의 일상과 습관을 장기간에 걸쳐 관찰했고 관찰이 불가능할 경우 사진을 보내 달라고 했다. 주제는 '당신을 운동하게 만드는 것은 무엇인가?'였다. 가장 먼저 시작한 것은 이해관계도 맵을 작성하는 것이었다. 소비자들이 운동할 때 발생하는 이해관계자들을 분석하는 것이다. 그리고 섀도잉 기법으로 운동하고 있는 소비자를 분석했고 그들이 집에서부터 운동을 시작하고 끝내는 과정을 고객여정지도로 구성했다.

연구자들은 이 자료의 분석을 통해 고객의 심층적 의식구조에 접근할 수 있었다. 예를 들어 여성 조깅화 개발 같은 경우는 30명 이상의 여성들을 수개월 동안 관찰했다. 그리고 다양한 자료 분석을 통해 기능보다는 디자인을 강조한 제품 라인을 출시했다. 여성들은 운동보다는 심미적 기능을 훨씬 중요시한다는 것을 파악했기 때문이다.

결과적으로 이 방법은 큰 성공을 거뒀다. 그리고 이런 접근은 남아공 월드컵으로까지 이어졌다. 당시 출시한 아디제로Adizero는 월드컵 최대 인기 축구화로 선정되면서 '축구화는 아디다스'라는 확실한 인식을 심어 주었다. 이것이 어떻게 가능했을까? 우연의 일치였을까? 그렇지 않다. 축구화 개발을 위해 아디다스는 생체역학 전문가, 심리학자, 문화인류학자를 동원했고 축구 선수들을 오랫동안 관찰했다. 그 결과 이들에게 볼 컨트롤 능력보다 순발력이 더 필요하다는 사실을 파악했고 이를 제품에 반영했다. 마케팅과 연구개발이 접목된 아디제로는 당연히 성공할 수밖에 없었다. 관찰을 통한 통찰의 힘이었다.

관찰력을 높이기 위한 세 가지 습관

옛날에 삼형제가 살고 있었다. 삼형제는 아버지로부터 세상에서 가장 귀중한 세 가지를 물려받았다. 첫째는 천 리 밖을 내다볼 수 있는 망원경을, 둘째는 천 리를 한걸음에 달려갈 수 있는 천리마를, 막내는 세상의 어떤 병도 고칠 수 있는 마법의 약을 유산으로 받았다. 어느 날 첫째가 망원경을 통해 왕궁에서 내붙인 게시문을 보게 됐다. 불치의 병에 걸린 공주를 낫게 하는 자와 공주를 결혼시키겠다는 내용이었다. 첫째는 둘째와 셋째를 불러 정보를 공유했고, 둘째의 천리마를 타고 왕에게 달려가 셋째의 마법의 약으로 공주의 병을 낫게 했다. 그렇다면 공주와 결혼은 누가 했을까? 알고 있듯이 왕은 셋째와 공주를 결혼시켰다. 이유는 병을 치료하는 데 가장 큰 공을 세운 것은 막내가 가진 마법의 약이었기 때문이다.

이 이야기의 결말은 산업사회의 프레임으로 보면 당연한 결과다. 끊임없이 주어지는 문제를 해결해야 했던 대량생산 체제에서는 문제 해결이 핵심이다. 하지만 창조의 시대에서는 상황이 다르다. 문제 해결보다는 무엇이 문제인지 본질을 파악하는 것이 더 중요하다. 문제를 파악하지 못하면 문제를 해결할 기회조차 갖지 못하기 때문이다. 아니, 문제의 본질이 무엇인지 모르면 절대로 해결하지 못하는 시대다. 그래서 문제의 본질을 찾아내는 '관찰'이 창의적 인재에게 무엇보다 중요한 핵심 역량으로 여겨진다. 그렇다면 관찰력을 높이기 위해선 어떻게 해야 할까?

첫째, 여유를 갖고 주변을 살펴보는 습관을 들여야 한다. 많은 사람들이 성과를 내기 위해 목적 지향적으로 상황에 집중하는 경향이 있다. 그러다 보면 주변에서 일어나는 뭔가를 놓치고 창의적이고 참신한 일을 만들어 낼 수 있는 기회를 놓친다.

심리학 분야에서 가장 흥미롭고 유명한 연구로 꼽히는 '보이지 않는 고릴라' 실험을 살펴보자. 이 실험에는 총 여섯 명이 참가한다. 그중 세 명은 검은색 티셔츠를, 다른 세 명은 흰색 티셔츠를 입고 있다. 이제 사람들에게 공을 패스하고 있는 여섯 명의 동영상을 보여 주면서 흰색 티셔츠를 입은 사람들이 공을 몇 번 패스하는지 질문한다. 사람들은 흰색 티셔츠를 입은 학생들이 공을 몇 번 패스하는지 집중하느라 중간에 검은색 고릴라 의상을 입은 사람이 등장해 달려 나가는 것을 보지 못한다. 그리고 검은색 티셔츠를 입은 여성 한 명이 어느 순간 영상에서 사라진 것도, 커튼 색깔이 빨간색에서 오렌지색으로 변한 것도 인지하지 못한다.

하버드대학교 심리학과에서 진행한 이 실험은 우리의 삶에 중대한 영향을 미치면서도 일상에서 흔히 발생하는 여섯 개의 착각을 다루고 있다. 실험을 진행한 크리스토퍼 차브리스Christopher Chabris는 "사람은 자신의 생각이 어떻게 작동하는지, 자신이 왜 그런 식으로 행동하는지 잘 알고 있다고 여긴다. 하지만 놀랍게도 그런 믿음에는 근거가 없다."고 말한다. 이런 왜곡된 믿음은 단순한 오류나 착각을 넘어 우리를 위험에 빠뜨릴 수 있다. 창의적인 아이디어를 내고 새로운 기회를 포착하는 일에서 관찰이 중요한 이유가 바로 이것이다. 문제에 집중하면서 주위를 둘러보며 여유를 가질 수 있는 시간도 필요하다.

둘째, 기존의 사고 패턴을 벗어나 '수평적 사고'를 해야 한다. 다음 글을 읽어 보자.

켐리브지대학의 연결구과에 따르면, 한 단어 안에서 글자가 어떤 순서로 배되열어 있는지는 중하요지 않고 첫 번째와 마지막 글자가 올바른 위치에 있는 게 중하요다고 한다. 나머지 글들자은 완전히 엉진창

망의 순서로 되어 있지을라도 당신은 아무 문없제이 이것을 읽을 수 있다. 왜하냐면 인간의 두뇌는 모든 글자를 하나하나 읽것는이 아니라 단어 하나를 전체로 인하식기 때문이다. 우리는 무식의적으로 이렇게 한다.

어떤가? 무엇이 문제인지 파악했는가? 이 글의 문제점은 내용이 정확히 이해되고 술술 읽힌다는 것이다. 그런데 알겠지만 글자의 배열이 앞 글자와 끝 글자만 정확하고 대부분 엉망진창으로 배열돼 있다. 하지만 우리는 아주 자연스럽게 이 글을 읽어 내려갔고 뜻을 정확히 이해하고 있다.

인간의 뇌는 게으르다. 아니, 현명하다 못해 착각의 오류에 잘 빠진다. 바로 효율성 때문이다. 인간의 두뇌는 효율을 높이는 방향으로 최적화돼 있어 늘 편안한 것을 추구한다. 눈에 익은 환경과 일을 기본적으로 선호하기 때문에 패턴Pattern 박스가 생기는 것이다. 패턴 박스는 무엇일까? 패턴은 '인식의 틀'로, 사고의 효율을 부여하는 역할을 한다. 다시 말해 우리의 뇌는 효율적인 사고를 위해 늘 하던 대로 사고하도록 작동한다. 그래서 인간의 인식은 때론 매우 부정확한데, 이 잘못된 인식의 틀이 사고의 한계를 만들어 낸다. 하지만 창의적인 사람들은 이 패턴을 깨고 사고하기를 좋아한다.

셋째, 부분과 전체를 같이 보면서 느린 사고를 습관화해야 한다. 다음에 나오는 간단한 수수께끼를 풀어 보자.

방망이와 공을 합친 가격은 1달러 10센트다. 방망이의 가격이 공의 가격보다 1달러 비싸다면 공의 가격은 얼마인가?

아마 많은 사람들의 머릿속에 순간 어떤 숫자가 떠오를 것이다. 바로 10센트다. 그리고 다시 한 번 계산한 뒤 정답은 10센트가 아니라는 사실을 깨닫게 된다. 그렇다. 5센트가 정답이다. 공의 가격이 10센트라면 공과 방망이를 합친 가격은 1달러 20센트가 돼야 한다(공은 10센트, 방망이는 1달러 10센트). 아마도 많은 사람들이 정답을 맞히지 못했을 것이다. 정답을 찾아낸 사람들조차 처음에는 10센트라는 직관적인 대답이 떠올랐을 것이다.

2002년 세계 최초로 노벨 경제학상을 수상한 이스라엘 출신의 심리학자 대니얼 카너먼Daniel Kahneman은 저서 《생각에 관한 생각》에서 직관을 뜻하는 '빠르게 생각하기'fast thinking와 이성을 뜻하는 '느리게 생각하기'slow thinking에 대해 말했다. 빠르게 생각하기는 달려드는 자동차를 피하는 동물적 감각의 순발력, 2+2의 정답, 프랑스 수도를 떠올리는 것처럼 완전히 자동적인 개념과 기억의 정신 활동을 말한다. 반면 느리게 생각하기는 전문가의 해결책이나 '378×896'의 정답처럼 머릿속에 즉시 떠오르지 않는 문제의 답을 심사숙고하는 사고방식이다. 카너먼은 빠르게 생각하기는 자동으로 작동하고, 느리게 생각하기는 편안한 보통 상태에서는 별다른 노력을 요하지 않고 역량의 일부만 가동한다고 말했다.

우리의 생각과 행동 대부분은 빠르게 생각하기에서 발생하지만 상황이 어려워질 때 주도적 역할을 하면서 결정권을 갖는 것은 느리게 생각하기다. 빠르게 생각하기는 일상의 사건 처리에 매우 뛰어나고 낯익은 상황에 대한 시스템 모델들도 정확하다. 단기적인 예측 역시 대부분 정확하고, 도전에 대한 최초의 반응은 민첩하고 시의적절하다.

그러나 특정 상황에서 빠르게 생각하기는 오류를 발생시킨다. 받는 질문보다 더 쉬운 질문에만 대답할 수 있으며 논리와 통계를 거의 이해하지 못한다. 하지만 창의적인 사람들은 빠르게 생각하기에서 벗어나는 능력이 탁월하다. 그들은 느리게 생각하기를 통해 편안함, 분위기, 직관, 성급한 결론을 벗어나 존재하는 것 자체를 다시 바라보며 전체를 볼 줄 안다.

○ 산책하는 사람은
● 땔감을 구해 올 수 없다

세상의 모든 혁신은 관찰에서 출발한다고 해도 과언이 아니다. 그리고 관찰이 창의성으로 이어지기 위해서는 한 가지 조건이 필요하다. 바로 문제의 본질을 파악하는 능력이다. '아는 만큼 생각하고 생각한 만큼 보이기' 때문이다. 어떤 문제의 본질을 찾아낼 때는 알고 있는 범위 내에서만 가능하다. 제너럴 일렉트릭GE의 전설적인 CEO

잭 웰치Jack Welch는 이렇게 말했다. "리더가 어떤 경영대학원 출신인지는 중요하지 않다. 평소에 세밀하게 관찰하고 문제를 정확히 짚어 낼 수 있는 건전한 비판 정신을 갖고 있느냐가 중요하다. 리더는 바로 그런 능력을 가지고 있어야 한다."

산책하는 사람이 땔감을 구해 올 수 없듯이 무작정 산속을 돌아다닌다고 해서 좋은 땔감을 발견하지는 못한다. 관찰할 줄 모르면 아이디어의 단서가 발에 채여도 인식하지 못한다. 관찰이란 수많은 돌에 섞여 있는 옥을 골라내는 일이다. 그리고 창의적인 아이디어를 끌어올리는 마중물과 같다.

스티브 잡스는 문제의 본질을 제대로 파악하는 능력이 뛰어났고, 그 능력은 평소 관찰하는 습관에서 비롯됐다고 한다. 버진그룹Virgin Group의 리처드 브랜슨Richard Branson은 문제를 해결하는 가장 빠른 방법은 문제를 제대로 들여다보는 것이라고 말했다. 그리고 문제를 파악하는 방법은 고객을 섬세하게 관찰하는 것뿐이라고 했다. 이들의 공통점은 관찰을 '일'로 생각하지 않았다는 점이다. 이들은 관찰하는 일을 '놀이'처럼 즐기며 자연스럽게 소비자의 마음을 파악했다.

관찰을 즐기고 싶다면 세상 돌아가는 일에 관심을 가져 보자. 백화점에서 쇼핑을 즐기고, 대형 마트에서 사람들의 행동을 살펴보고, 시장 상인들의 얼굴 표정과 호객 행위에 귀를 기울여 보자. 젊은이들이 많이 모이는 핫 플레이스에서 그들이 즐기는 문화를 경험해 보고 영화, 공연, 전시 등 사람들이 많이 가는 곳에 가서 그들을 느껴 보자.

관찰할 줄 모르면 아이디어의 단서가
발에 채여도 인식하지 못한다.
관찰이란 수많은 돌에 섞여 있는
옥을 골라내는 일이다.

그리고 창의적인 아이디어를 끌어올리는
마중물과 같다.

어디에 가든지 물어보고, 들춰 보고, 만져 보고, 씹어 보고, 확인해 보고, 기록하라. 그러다 보면 어느 순간 관찰을 일처럼 하는 게 아니라 놀이처럼 즐기게 될 것이다. 이런 행위들이 당신을 창의적 인재로 거듭나게 할 테니 말이다.

3 파괴

- Make, Break, Make!
, 창조적 파괴를 즐겨라

R U L E B R E A K E R

2013년 12월 SNS를 뜨겁게 달군 뮤직비디오가 있다. 〈MC 옆길로 새〉라는 이 뮤직비디오의 카피 또한 파격적이다. "Make Break Make!" 화면에는 앵무새가 한 마리 나와 온통 휘젓고 다니면서 "Make Break Make!"를 외치고 다닌다. 현재 유튜브 조회 수 550만을 육박하는 이 영상은 현대카드의 광고로, 브랜드 철학인 'Make Break Make'를 힙합 음악과 재미있는 영상으로 표현했다. 업계의 룰 브레이커 역할을 해온 현대카드다운 행보다.

현대카드의 〈MC 옆길로 새〉 광고의 한 장면

　현대카드의 전신은 1995년 설립된 다이너스클럽코리아다. 대우그룹으로 인수된 후 1999년에는 워크아웃이 결정될 정도로 상황이 나빴다. 그러다 2001년에 현대자동차그룹으로 편입되면서 현대카드로 사명이 바뀌었고 이때부터 창조적 파괴를 철학으로 세우며 변화하기 시작했다. 이들의 원칙은 하나, 바로 룰 브레이커다. 업계의 관행과 상식을 완전히 깨버리는 파격적 행보를 시작한 것이다.

　기존 카드회사로선 도저히 상상할 수 없는 시도였고 이는 '최초'라는 수식어가 무색할 정도로 파격적이었다. 국내 최초 포인트 선지급 서비스, 국내 최초 미니카드 발급, 국내 최초로 카드 옆면에 색깔 적용, 국내 최초 고객맞춤형 카드 발급, 국내 최초 알파벳 시리즈 카드 출시 등 늘 '국내 최초'라는 수식어를 달고 다녔다.

　또한 서울 광화문에 스키장을 만들어 세계보드대회를 개최하는가 하면, 연회비가 200만 원대에 육박하는 프리미엄 카드를 출시하기도 했다. 디자인을 주제로 한 현대카드 디자인 라이브러리를 만들고 여행을 테마로 한 현대카드 트래블 라이브러리를 개관한 것 역시 국내 카드회사로선 전례 없는 일이었다. 최근에는 이태원에 작업실과 합주실, 350석 공연장을 갖춘 현대카드 뮤직 라이브러리를 오픈했다. 그야말로 끊임없이 관행을 거부하고 변화와 혁신을 시도하는 룰 브레이커 역할을 해온 것이다.

현대카드는 2001년 워크아웃에서 10여 년 만에 마켓셰어 3위를 기록하는 기염을 토했다. 지금도 금융회사로서는 가장 창의적인 기업으로 손꼽히고 있다. 그 모든 것이 창조적 파괴Creative Destruction의 힘이었다.

○● 90퍼센트가 찬성하는 아이디어는 쓰레기통에 버려라

창조적 파괴란 무엇일까? 약간 생소한 단어지만 사실 이 용어가 세상에 등장한 건 1912년이다. 경제학자 조지프 슘페터Joseph Schumpeter가 기술의 발달에 경제가 얼마나 잘 적응해 나가는지를 설명하기 위해 제시했던 개념이다. 그런데 100년도 더 지난 21세기 현재까지도 많은 이들에게 회자되고 있으니 경이로울 정도다.

슘페터는 자본주의의 역동성을 가져오는 가장 큰 요인으로 창조적 혁신을 주창했으며, 특히 경제발전 과정에서 기업가의 창조적 파괴 행위를 강조했다. 쉽게 설명하면 기존의 패러다임을 깨고 룰 브레이커의 역할을 해야 한다는 것이다. 그렇다면 룰 브레이커란 어떤 사람을 말하는 것일까?

키 162센티미터에 45킬로그램, 지방 대학 출신의 영어 강사로 평범하다 못해 루저라 불릴 만큼 내세울 게 없던 남자. 이 모든 게 그를 따라다니던 꼬리표였다. 가진 것이라곤 포기를 모르는 도전 정신과 기존의 관행을 과감히 깨는 태도뿐이었다. 그러던 그가 2009년 미국 《타임》Time에서 선정한 세계에서 가장 영향력 있는 100인에 선정됐다. 그는 바로 중국에서 두 번째로 돈이 많은 부자이자 세계 4대 IT기업인 알리바바Alibaba의 창업자 마윈馬雲이다.

보잘것없던 시골 학교 영어 강사가 어떻게 중국 최대의 IT기업을 세운 창업가로 성공할 수 있었을까? 바로 평범함 속에서도 늘 도전하고 변화를 시도했던 창조적 파괴가 답이다.

중국의 한적한 시골, 가난한 집안에서 태어난 마윈은 불우한 어린 시절을 보냈다. 유독 작은 키에 못생긴 얼굴이었고 공부를 못했던 그는 친구들 사이에서 열등생 아니면 외계인으로 통했다. 하지만 중학교 때 영어 선생님을 짝사랑해서 영어 공부를 하기 시작했고 이것이 그의 인생에 전환점이 됐다. 그리고 이때부터 끊임없이 도전하는 인생이 시작됐다.

물론 그 역시 시작은 순탄치 않았다. 1992년 하이보라는 통역회사를 설립했지만 무리한 사무실 운영과 직원의 횡령으로 처절한 실패를 경험했다. 이후 1995년 미국 출장길에 인터넷을 접하고 인터넷 불모

지인 중국에서 인터넷 관련 사업을 창업하게 되지만 돌아온 건 쓰디
쓴 실패였다. 그때부터 주변 사람들은 그가 창업하는 걸 말렸다. 영어
강사라는 편안한 길을 놔두고 창업이라는 어려운 길을 선택한 그를
한심한 눈길로 바라보았다. 하지만 마윈은 굴하지 않고 1999년 B2B
사이트인 지금의 알리바바를 만들고 급변하는 시대적 변화에 맞춰 도
전과 변화를 거듭해 성공을 거뒀다.

그의 성공 비결은 무엇일까? 단순하게도 그 비결은 기존의 생각과
관행을 철저하게 깨버린 데 있었다. 쉬운 듯 보이지만 결코 쉽지 않은
행보다. 마윈은 90퍼센트가 찬성하는 방안이면 미련 없이 쓰레기통
에 갖다 버렸다. 이유는 딱 하나다. 그렇게 많은 사람들이 좋아하는
계획이라면 이미 많은 사람들이 시도했을 것이라는 판단이었다. 그는
항상 10퍼센트만이 추구하는 아이디어를 채택했다.

기존의 룰을 과감히 깨는 이런 행동은 온라인 쇼핑몰 타오바오 사
업에서 추구했던 일련의 과정에서도 볼 수 있다. 2003년 당시 마윈은
전년도 1위안의 순익을 올린 알리바바를 C2C 시장에 진출시켰다. 많
은 사람들이 90퍼센트의 시장점유율을 차지하고 있던 이베이에 도전
하는 것은 무모한 짓이라고 말렸지만 결국 성공했다.

파괴적 혁신의 행보는 여기서 끝나지 않았다. 남들이 보기엔 더 이
상 바랄 게 없을 것 같은 그였지만 마윈은 또다시 룰 브레이커의 길을
선택했다. 2013년 알리바바의 CEO직을 내놓고 사퇴 18일 만에 물
류택배회사 차이냐오를 세운 것이다. 향후 5~8년 내에 중국 전역 어

디에서나 24시간 내 일일배송이 가능한 물류 네트워크를 구성한다는 것이 그의 포부다. 무려 13억 인구가 살고 있는 광활한 중국 땅에서 24시간 내 일일배송이 가능할까? 그렇지만 그는 해냈다. 2015년 차이냐오는 창립 2년 만에 중국 50개 도시에서 익일 배송 서비스를 시작했다. 누구나 불가능하다고 했던 일이었지만 마윈이 룰 브레이커였기에 가능했던 것이다.

○ 남이 하지 않는 새로운 질문으로
● 주목을 끌어라

충격의 달인! 미술계의 악마! 엽기의 예술가! 그를 따라다니는 별명들은 파격적이다 못해 엽기적이다. 2008년 런던 소더비Sotheby's 경매에서 223점 중 218점을 낙찰받아 1993년 피카소 경매가의 두 배에 해당하는 경이적인 기록을 거둔 그의 이름은 데미언 허스트Damien Hirst다. 당시 낙찰금 총액은 무려 2,282억 원으로 그 유래를 찾아볼 수 없을 정도였다. 더욱 놀라운 건 당시 허스트의 나이가 43세였다는 것이다. 어떻게 그런 일이 가능했을까? 그것은 그가 기존의 관습을 거부하고 늘 새로운 질문을 만들어 냈기 때문이다.

1965년 영국 브리스틀에서 태어난 허스트는 유년 시절 두 번이나 절도로 구속되고 학업 성적도 부진했다. 하지만 사물에 대해서는 놀라운 열정을 보여 늘 끊임없이 질문했고 이를 통해 기존의 개념을 재해석해 내곤 했다. 1986년에는 골드스미스대학교에 입학해 미술 공부를 했는데 당시 대학의 분위기도 사물에 대한 그의 열정에 일조했다. 학생들에게 그림을 가르치기보다는 주로 본질에 대한 토론 위주로 수업한 것이다. 이곳에서 허스트는 예술이란 어떤 것이라는 고정관념을 버리고 '이건 왜 예술이 될 수 없을까?'라는 본질적인 문제를 고민하기 시작했다. 기존의 문제를 풀려고 하기보다는 늘 새로운 문제를 찾아내려고 했다.

이후 그는 예술계의 룰 브레이커 역할을 도맡아 하게 됐다. 데뷔할 때도 예술계에서 하지 않는 일을 도발적으로 시도했는데, 대학 2학년 때 그는 '왜 미술가는 공모전이나 화랑을 통해 전시회를 할까?'라는 질문을 화두로 기존의 관행을 깨고 빈 창고를 빌려 프리즈Freeze라는 전시회를 열었다. 미술계의 주요 인사들에게 초청장을 보내고 수백 통의 전화를 한 끝에 성공적으로 전시회를 마쳤다. 허스트를 비롯해 당시 참여했던 작가들은 유명해졌고 'yBa'young British artists라 불리게 됐다.

허스트는 늘 일반 통념에서 벗어난 방식으로 일했다. '예술가는 반드시 그림을 그려야 할까?' '예술가의 생각만 들어가면 되는 게 아닐까?' 이런 의문이 든 그는 자신의 스폿 페인팅 전시회에서 지금까지 제작한 1,400여 점의 작품 중 자신이 그린 작품은 25개밖에 되지 않는다고 떳떳이 밝히면서 가장 잘 그린 조수의 이름을 거론하기도 했다.

현대미술계의 가장 논쟁적이면서 문제적인 작가로 불리는 그는 늘 새로운 질문을 만들어 기존 관습을 거부하는 작품을 들고 나왔다. '왜 이건 예술이 될 수 없을까?' '전시회는 꼭 화랑을 거쳐야 하는 걸까?' '반드시 아티스트가 직접 그려야 할까?' 룰 브레이커다운 그의 질문은 세계가 영국 미술을 주목하게 만들었다.

살아 있는 현대미술의 전설이자 yBa로 대표되는 영국 현대미술의 부활을 이끈 데미언 허스트. 죽음에 대한 성찰을 담고 있는 그의 작품은 충격적인 이미지와 엽기성으로 논란의 대상이 됨과 동시에 예술과 상품의 경계를 넘나들며 연일 미술시장을 뜨겁게 달구고 있다. 그것은 그가 창조적 파괴를 일삼는 룰 브레이커이기에 가능했던 일이었다.

성공 공식을 깨고
철저한 비주류로 성공하라

영화계의 흥행 공식을 과감히 깨버리고 철저하게 소외당한 비주류 캐릭터를 통해 세상을 바라보는 한 괴짜 감독이 있다. 며칠은 안 감은 듯한 머리, 흐리멍덩한 눈, 기다란 얼굴, 삐쩍 마른 해골 같은 외모의 그는 바로 할리우드의 괴짜라 불리는 팀 버튼이다. 그는 늘 외톨이였다. 사회성이 전혀 없어서 대인 관계에 문제가 많았다. 그를 설득하는 건 불가능했다. 야단을 맞으면 모든 것을 무시했기 때문이다. 그는 외로움을 달래기 위해 공포영화와 그림 그리기를 즐겼다. 이때부터 비주류 캐릭터들의 반란이 시작됐다.

　팀 버튼의 시작은 무난했다. 디즈니라는 애니메이션계의 주류에서 시작했기 때문이다. 그러나 이듬해 그는 디즈니에서 쫓겨났다. 디즈니 애니메이션의 공식을 과감히 깨고 혐오스럽고 끔찍한 주인공을 등장시킨 《프랑켄위니》 때문이었다. 프랑켄슈타인을 모티브로 한 《프랑켄위니》는 죽은 강아지가 주인공이다. 당연히 아이들은 영화가 시작하자마자 울기 시작했다. 디즈니는 꿈과 사랑, 그리고 희망을 주요 모티브로 하는 영화사다. 게다가 1984년 당시 이 애니메이션에 100만 달러나 투자했기에 디즈니로서는 도저히 받아들일 수 없는 작품이었다.

　하지만 해고 후 팀 버튼의 전성기가 시작됐다. 《가위손》, 《유령신부》, 《찰리와 초콜릿 공장》, 《배트맨》 등 계속해서 흥행 작품을 쏟아냈다. 사실 이들 캐릭터는 신랄하고 섬뜩하며 혐오스럽기까지 하다. 사회에서 철저히 소외된 괴물이나 귀신, 은둔형 외톨이 같은 사회에서 비주류로 분리되는 캐릭터다. 손 대신 가위를 달고 태어난 에드워드는 인간 세상에 적응하지 못하고 이용만 당하는 은둔형 외톨이였다. 지고지순한 사랑을 꿈꾸는 유령신부 에밀리는 어두운 과거를 지닌 채 죽음을 맞이한, 조금은 괴기스러운 귀신으로 표현된다. 《찰리와 초콜릿 공장》의 주인공 윙카는 부유하지만 유년 시절 콤플렉스에서 벗어나지 못하는 아이 같은 어른으로 표현되고 있다.

　이들의 겉모습은 우리 사회에서 철저히 외면당하는 비주류에 속한다. 하지만 모두 진실하고 순수하다는 공통점이 있다. 할리우드의 상상력이 미래 지향적이고 심미적인 캐릭터들로 가득했다면 팀 버튼의 상상력은 정반대를 향했다. 그의 역발상이 할리우드의 흥행 공식을 과감히 깨버린 것이다. 수많은 영화 마니아들이 그의 영화를 사랑하는 이유는 바로 그런 괴짜 캐릭터로 세상의 진실을 보여 주기 때문이다. 현재 할리우드 역사상 가장 많은 수입을 거둔 영화감독 10위에 랭크돼 있는 팀 버튼 감독은 비주류로 반란을 일으킨, 영화계의 대표적인 룰 브레이커다.

○ 룰 메이커? 룰 테이커?
● 룰 브레이커!

다시 기업의 사례로 돌아가 보자. 런던비즈니스스쿨의 전략학 교수로 재직 중인 세계적인 경영학자 개리 해멀Gary Hamel은 그의 저서에서 기업의 유형을 세 가지로 나눴다. 첫 번째는 룰 메이커rule maker다. 이들은 새로운 규칙을 만드는 집단으로 한 산업을 선점하고 그 시장을 좌지우지하는 조직이다. 대표적인 룰 메이커가 마이크로소프트나 인텔 같은 회사다. 최초로 OS프로그램인 윈도우를 만들어 퍼스널컴퓨터 시장의 절대 강자로 자리매김하거나 CPU를 생산해서 절대 독점을 유지한 경우다.

많은 기업들이 룰 메이커가 되고 싶어 하지만 현실의 벽은 너무나 높다. 그래서 해멀은 룰 메이커가 되기보단 룰 브레이커가 되라고 조언한다. 아마도 대부분의 기업들은 두 번째 유형인 룰 테이커rule taker일 것이다. 이들은 룰 메이커가 만들어 놓은 규칙과 시장에서 낮은 위험low risk과 적은 보상low return을 영위할 뿐이다.

마지막으로 해멀이 말하는 이상적인 기업의 모습인 룰 브레이커가 있다. 이들은 대부분의 기업들이 룰 메이커 역할을 할 때 과감히 룰 브레이커가 돼 도전하고 변화하며 블루오션을 창출해 나간다. 대표적인 기업으로 구글을 들 수 있다. 구글은 검색엔진 시장에서 야후가 룰 메이커 역할을 할 때 과감히 룰 브레이커가 돼 성공한 경우다. 야후와 차별화된 전략으로 야후를 넘어선 것이다.

이뿐만이 아니다. 마이크로소프트는 퍼스널컴퓨터 운영체제 시장을 독점하면서 소프트웨어 사업은 돈을 받고 파는 것이 유일한 비즈니스 전략이라고 규칙을 만들었다. 하지만 구글은 그 규칙을 과감히 깨버렸다. 유용한 소프트웨어는 무료로 배포돼야 한다며 룰 브레이커를 선언한 것이다. 구글은 안드로이드라는 모바일 운영체제를 무료로 배포하면서 모바일 운영체제 시장의 절대 강자로 등극했다.

애플 역시 전형적인 룰 브레이커다. 퍼스널컴퓨터 회사로 출발해 나름 독자적인 위치를 선점했지만 마이크로소프트에 밀려 고전을 면치 못했다. 하지만 곧 퍼스널컴퓨터 시장을 과감히 축소하고 아이팟, 아이폰, 아이패드 등 포스트 퍼스널컴퓨터 시장에 뛰어들어 세계에서 가장 매력적이고 가치 있는 회사로 등극했다.

안정만을 추구하는 룰 테이커는 되지 말자.
룰 브레이커가 되어
새로운 블루오션을 만들어 내라.
세상은 끊임없이 노력하고 변화하는 자에게
기회를 준다.

이제 누구도 마이크로소프트의 모바일 운영체제인 Window CE를 사용하고 싶어 하지 않는다. 이것이 변화를 시도하지 않는 룰 메이커의 최후가 아닐까. 더 재미있는 사실은 룰 테이커들의 최후다. 자신의 자리를 고수하고자 했던 룰 테이커들은 처절하게 무너졌다. 모바일폰의 1인자로 군림하던 노키아는 새로운 룰 브레이커 애플의 아이폰에 의해 파산했고, 필름카메라의 강자로 군림하던 코닥은 디지털카메라라는 룰 브레이커로 무너져 내렸다. 퍼스널컴퓨터의 강자로 군림하던 IBM, 델 등은 태블릿 PC라는 룰 브레이커에 의해 없어지거나 매각당해야 했다.

당신은 어떤 선택을 할 것인가? 세상은 룰 메이커가 돼 시장을 이끄는 인재가 되라고 강요하지 않는다. 하지만 안정만을 추구하는 룰 테이커는 되지 말자. 룰 브레이커가 되어 새로운 블루오션을 만들어내는 인재에 주목하라. 세상은 끊임없이 노력하고 변화하는 자에게 기회를 준다.

레고 블록처럼
세상을 바라보는 법

룰 브레이커들은 공통된 특징들이 있다. 우선 그들은 문제의 본질을 명확히 파악하는 능력이 뛰어나다. 그들은 룰 메이커들이 만들어 놓은 규칙의 단점을 활용할 줄 안다. 그리고 끊임없이 질문을 통해 새로운 뭔가를 찾아내려고 한다. 남들이 당연하게 생각하는 것을 질문을 통해 또 다른 가치를 창출해 낸다. 그들은 세상을 레고 블록처럼 보는 능력이 있다. 수많은 블록을 조립해서 색다른 결과물을 만들어 낼 줄 안다.

이런 역량들을 갖추고자 한다면 무엇을 해야 할까? 일상에서 시도할 수 있는 간단한 방법이 있다. 바로 일상에서 작은 일탈을 시도하는 것이다. 세간의 화제가 됐던 〈MC 옆길로 새〉의 가사를 다시 음미해 보자.

이 거리의 옷매무샌 너무나도 뻔해. 머리부터 발끝까지 유행이야 올해.

난 싫지 허세. 무시하지 대세. 눈에 띄는 날개가 남게 되지 후세.

내 삶의 목표는 영웅이야 난세. 세상 모두 쫓아가도 좇지 않아 절대.

틈새를 노려보는 한 마리의 늑대. 뻔한 길은 싫어 길 만들지 모세.

한 번쯤은 옆길로 새. 같이 새. 뻔한 인생 옆길로 새. 같이 새.

가던 길을 한 번 부수면 Different 오늘 만세.

I Make Break Make!

어디로든 한 번쯤 옆길로 새.

I Make Break Make!

4 탐험

• 꿈꿔라,
, 그리고 발견하라

E X P L O R E R

"에베레스트를 오르려는 이유가 무엇인가요?"

사람들은 몇 초 동안 무엇인가 골몰히 생각하고 있었다. 아마 자신의 인생을 가장 짧은 시간에 뒤돌아본 순간이 아니었을까? 그러고는 자신의 얘기를 시작했다.

"나 같은 보통 사람이 불가능한 꿈에 도전하는 걸 보여 주면 애들도 꿈을 키울 수 있겠지."

"왜 산에 오르냐면, 집에 있으면 큰 먹구름이 날 계속 따라다녀. 일종

의 우울증 같은 거지. 산에 오르면 그게 치유가 돼. 다시 태어나는 느
낌이랄까."

2015년 9월 국내 개봉되면서 뜨겁게 관심을 받았던 영화 《에베레
스트》의 명장면 중 하나다. 1996년 실화를 바탕으로 제작된 이 영화
는 일상에 매몰돼 살아가는 현대인에게 탐험가의 삶을 권유한다. 즉,
탐험하지 않으면 꿈꿀 수 없고 꿈꾸지 않으면 발견할 수 없다고 말한
다. 과정은 어렵지만 결과는 달콤하다고, 열정을 만들어 주고 꿈을 꾸
게 해준다고 말이다. 이렇듯 탐험이란 일상을 벗어나 새로운 도전을
통해 뭔가를 만들어 가는 과정이다. 그렇다면 탐험가와 창의적인 인
재의 공통된 특징은 무엇일까? 용기, 낙관주의, 유연성, 믿음, 결단력,
행동력, 상상력이다.

아무것도 하지 않으면
아무 일도 일어나지 않는다

전후 독일의 가장 뛰어난 작가로 평가받는 루이제 린저 Luise Rinser 는
저서 《생의 한가운데》에서 이렇게 말했다. "우리는 나이를 먹으면 먹
을수록 고양이처럼 사는 것을 배운다. 점점 더 소리를 내지 않고, 점
점 더 조심스럽고 까다로워진다." 누구나 똑같이 나이가 들고 늙지만

자신을 병들어 가는 고목으로 생각하는 노인과, 세월이 갈수록 가치가 빛나는 골동품으로 생각하는 노인은 다르다고 그녀는 말한다.

생각의 차이! 그것을 만들어 내는 힘은 바로 끊임없이 세상을 탐험하고자 하는 정신에서 비롯된다. 이 정신을 평생 실천에 옮긴 사람이 있다. 바로 뉴질랜드 출신의 산악인 에드먼드 힐러리Edmund Hillary다. 그는 1953년 텐징 노르가이Tenzing Norgay와 함께 사상 최초로 세상에서 가장 높은 에베레스트 산을 정복했다.

1919년 오클랜드 남부의 작은 섬에서 태어난 힐러리는 자신이 남들보다 고통을 잘 참는다는 사실을 알게 된 후 탐험가의 꿈을 꾸게됐다. 31세에 스위스 융프라우에 올랐고 이후 영국 에베레스트 원정대의 일원이 됐다. 그리고 1953년 5월 29일 '힐러리 스텝'으로 이름붙여진 험난한 수직 빙벽을 12미터나 올라 인류 최초로 에베레스트 정상에 올랐다.

전 세계에 이름을 알리고 영국 여왕으로부터 기사 작위를 받았음에도 불구하고 그는 탐험을 멈추지 않았다. 1957년에는 썰매와 도보로 남극을 탐험하고 그곳에 뉴질랜드의 스콧 기지를 세웠다. 이듬해에는 남극점을 밟았다. 다음으로 그가 도전한 곳은 히말라야의 열 봉우리 등정으로 1956년부터 1965년까지 약 10년에 걸쳐 등정을 마무리했다. 이뿐만이 아니었다. 1977년에는 인도 갠지스 강 수원을 찾는 탐사를 진행했고 1985년에는 최초로 달을 정복한 닐 암스트롱과 함께 북극점에 가기도 했다.

누구나 똑같이 나이가 들고 늙지만
자신을 병들어 가는 고목으로 생각하는 노인과
세월이 갈수록 가치가 빛나는
골동품으로 생각하는 노인은 다르다.

평생을 모험과 탐사에 바친 그는 진정한 탐험가였다. 늘 겸손한 자세로 자신을 보통 사람이라고 했지만 사람들은 그의 이름을 용기와 성취의 상징으로 부른다. 끊임없는 도전과 탐험에 대한 사람들의 질문에 그는 이렇게 답했다. "모험하지 않으면 아무것도 얻을 수 없다." Nothing Venture, Nothing Win. 그가 1999년에 펴낸 회고록 《정상에서의 풍경》View from the summit 엔 이런 말이 있다. "모험은 평범한 능력을 지닌 평범한 사람들도 할 수 있는 것이다. 바로 내가 그렇다. 그래서 모험할 꿈을 갖는 것이 무엇보다 중요하다."

○ 세계를 뒤바꾼 탐험의 역사
● 《내셔널 지오그래픽》

2010년 국내 사진전 이래 사상 최대의 관객을 동원한 전시가 있었다. 무려 40개 언어로 발행되며 670만 부 이상이 발행되고 있는(2015년 기준) 《내셔널 지오그래픽》National Geographic 이 그 주인공이다. 2010년과 2012년 전시에 이어 세 번째 전시를 2015년 12월 12일부터 2016년 3월 20일까지 서울 예술의전당에서 진행했고 현재는 부산 영화의전당에서 진행 중이다.

이 전시회는 '내셔널 지오그래픽 展 미지의 탐사 그리고 발견'World of Mystery 이라는 흥미로운 주제로 인류가 걸어온 문명과 오지, 우주, 해양에 이르기까지 목숨을 건 탐험과 탐사에 대한 다양한 기록을 사진과 영상으로 공개한다. 작품 하나하나를 위해 힘든 탐험과 탐사를 자처한 《내셔널 지오그래픽》 소속 작가들의 모험과 여정을 느낄 수 있는 전시라고 한다. 그런데 한 가지 의문이 든다. 왜 이들은 이런 힘든 여정을 선택한 걸까?

이들의 생존 비밀은 2012년으로 거슬러 올라간다. 당시 잡지 왕국 미국의 얼굴과도 같았던 《뉴스위크》가 오프라인 잡지를 폐간하는 큰 사건이 벌어졌다. 80년 전통을 자랑하던 시사주간지가 종이를 버린 것이다. 혹자는 예견된 일이라고 했다. 디지털과 인터넷의 등장으로 더 이상 종이 잡지의 매력을 유지할 수 없었기 때문이다. 이렇게 각국의 잡지들이 생존을 걱정할 때 보존율 92퍼센트, 평균 연속구독 기간 13년이라는 기록을 세우고 있는 잡지가 있었다. 바로 《내셔널 지오그래픽》이었다.

종이 잡지로 꾸준히 인기를 누릴 수 있었던 비밀은 이 잡지사의 철학에 있다. 1888년 내셔널 지오그래픽 소사이어티라는 비영리단체가 탄생했는데 33명의 과학자, 교육자, 탐험가 등 다양한 직업군이 모여 우리가 살고 있는 지구에 대한 모험심과 호기심을 주제로 삼았다.

이들은 딱딱하고 지루한 학술기사 잡지를 벗어나 탐험을 통해 발견한 지리, 자연, 인류, 우주, 바다 등 다양한 분야를 다루기 시작했다. '민족이나 종교에 상관없이 전 세계인이 사랑하는 잡지' 또는 '지구의 일기장'이란 명성도 이들의 탐험 정신에 대한 존경에서 나온 말이다. 파키스탄 난민 캠프에서 찍은 초록색 눈의 소녀, 걸프전이 한창이던 쿠웨이트에서 물을 찾아 헤매는 낙타, 남미 정글 수십 미터에서 고공비행을 하는 앵무새, 세상에서 가장 오래된 아프리카 공룡화석에 이르기까지 새로운 것에 대한 호기심과 탐험은 세상 어디에서도 볼 수 없는 사진들을 탄생시켰다.

이런 철학 때문에 작가들은 누구도 찍지 못했던 장면을 담아내기 위해 늘 색다른 모험을 감행한다. 단 한 컷의 사진을 포착하기 위해 두세 달은 기본이고 몇 년이 걸리는 큰 프로젝트도 아랑곳하지 않고 뛰어든다. 대체 이들의 열정은 어디서 나오는 것일까? 누구도 발견하지 못한 새로운 것을 찾아내려는 탐험 정신, 그리고 《내셔널 지오그래픽》의 전폭적인 지지가 있다. 탐사용 비행기부터 헬리콥터 등 필요한 것은 무엇이든 지원해 준다니 해볼 만하다. 그리고 이렇게 탄생한 창조물들은 세상을 바꾸는 계기가 된다.

끊임없는 탐험을 기반으로 한 도전의 역사는 그것으로 끝이 아니었다. 그들은 지구의 역사를 찍고 기록하는 것에서 한발 더 나아가 인간이 불굴의 의지로 도전하는 현장에 동참했다. 또한 잡지 판매 수익은 각종 탐사와 연구에 아낌없이 지원했다. 이것이 그들의 원칙이자 철학이었기 때문이다.

그 덕분에 1909년 로버트 피어리Robert Peary는 인류 최초로 북극점에 도달할 수 있었다. 1922년에는 안데스 산맥의 잉카문명 유적인 마추픽추를 발굴하고 1959년에 175만 년 전 유인원 잔잔트로푸스의 화석을 발견하는 데도 큰 역할을 했다. 1963년에는 미국인으로서는 최초로 에베레스트 등정에 참여했고 1985년에는 침몰한 타이타닉 호를 사진에 담아 《내셔널 지오그래픽》에서 발표하기도 했다.

이 밖에 제인 구달Jane Goodall의 침팬지 연구, 페루 고원의 잉카 소녀 냉동미라 등 수없이 많은 탐험 현장에 《내셔널 지오그래픽》이 함께했다. 모든 과학과 탐험 활동에 중심축이 돼온 이들은 '미지의 탐사 그리고 발견'이라는 전시 제목처럼 지금도 세상을 뒤바꿀 수 있는 탐험과 역사를 쓰고 있다.

기업의 혁신을 위한
'탐험' 전략

이제 기업의 세계로 들어가 보자. 그들의 존재 이유는 무엇일까? 경제를 배우면서 수없이 들어 본 질문이다. 가장 먼저 나오는 답은 아마도 이윤을 추구하는 집단이라는 말일 것이다. 그렇다면 기업이 이윤을 추구하기 위해 하는 활동을 무엇이라고 할까? 바로 경영이다. 대부분의 사람들이 알고 있는 이 질문을 하는 이유는 기업이 경영에서 활용하는 전략에 대해 이야기하기 위해서다.

최근 대한민국에 많은 시련이 있었다. '저성장기'라는 키워드를 중심으로 대부분의 기업들이 어려움을 겪고 있다. 일본의 부활, 중국의 약진 속에서 이제 우리의 경쟁력은 사라진 것 같은 느낌이 들 정도다. 이를 타개하기 위해 정부에서는 2014년부터 '창조경제'를 전략으로 내세웠다. 창조경제란 영국의 경영전략가 존 호킨스John Howkins가 2001년 펴낸 《창조경제》에서 처음 사용한 말이다. 새로운 아이디어, 즉 창의력으로 제조업과 서비스업, 유통업, 엔터테인먼트 산업 등에 활력을 불어 넣는 것이다. 스탠퍼드대학교 명예교수 제임스 마치James March는 기업의 혁신을 위해 '탐험'exploration과 '활용'exploitation을 균형 있게 적용해야 한다고 말한다.

그렇다면 탐험과 활용의 의미는 무엇일까? 먼저 활용은 품질 및 프로세스의 개선 등과 관련된 것으로 빠르고 효율적으로 일을 처리해 예상 가능한 수준의 결과를 만들어 내는 것이다. 기존의 것을 활용하기에 새로운 혁신이 만들어지기는 어려운 구조다. 반면 탐험은 가능성에 대한 탐구로서 새로운 아이디어를 찾아내는 과정이다. 따라서 변화와 위험 감수를 동반한다. 학자들은 혁신을 이루려면 이 두 가지를 병행해야 하며 상황에 따라 다르지만 탐험과 활용의 비율을 20대 80 정도로 가져가는 게 적당하다고 말한다.

몇 가지 사례를 들어 보자. 구글은 20퍼센트 타임제다. 창조경영의 핵심 엔진으로 자리매김한 이 제도는 구글의 모든 직원이 자신이 원하는 창의적인 프로젝트에 업무 시간의 20퍼센트를 사용할 수 있게한다. 기존의 업무 방식이 '활용'이었다면 20퍼센트 타임제는 '탐험'이라고 볼 수 있다. 이 제도로 수많은 별자리와 수억 개의 성운을 고해

상도로 볼 수 있는 구글 스카이, 전 세계를 사진으로 직접 볼 수 있는 구글 맵스 등 굵직한 성과가 만들어졌다.

20퍼센트 타임제의 핵심은 개인이 업무 시간의 20퍼센트를 탐험으로 활용해 내놓은 아이디어가 정식 구글 상품으로 서비스되는 데 있다. 구글과 관련된 아이템이면 무엇이든 상관없다. 자신의 아이디어를 정기 미팅에서 발표하고 게시판을 통해 동참할 동료를 모집하면 된다. 동료들에게 인정받으면 회사는 필요한 인력과 장비를 지원해 준다. 창조경영을 꿈꾸는 기업이라면 시도해 볼 만한 제도다. 구글 매출의 80퍼센트 정도가 기존 사업군인 광고(활용)에서 나오는 것도 일맥상통하는 구조다.

그다음 사례는 너무도 유명한 3M의 15퍼센트 룰이다. 이 제도 역시 자기 시간의 15퍼센트를 창의적 아이디어를 고민하고 신상품과 신기술을 연구개발하는 데 사용한다. 그런데 놀라운 점은 이 제도가 1920년대에 시작됐다는 것이다. 채택된 아이디어는 제품화돼 5년 안에 매출의 40퍼센트를 올리는 것을 목표로 한다. 이 역시 탐험을 통해 개발된 제품을 지속적인 활용을 통해 매출을 증대시킨다는 전략인 셈이다.

마지막 사례는 창조경영을 언급할 때마다 등장하는 일본의 두 기업, 혼다와 소니다. 소니는 대표적인 탐험형 기업이었다. 1979년 워크맨을 최초로 개발해 희대의 히트 상품을 내놓는가 하면 수많은 제품과 기술에 세계 최초라는 수식어를 부여했다. 그러나 1990년대 후

반 몰락의 길을 걷기 시작했다. 활용을 무시하고 오로지 탐험만을 추구한 나머지, 소비자들이 따라가지 못하는 신기술과 콘텐츠 사업으로 진출했던 것이다. 반면 혼다는 소니와 상반된 행보를 보였다. 오토바이로 업계에 진출한 혼다는 아직도 오토바이 사업에서 많은 혁신을 진행하고 있다. 그리고 이를 통해 벌어들인 자금을 자동차 사업에 투자했고, 나아가 개인 자가용 비행기 개발과 로봇을 연구하는 비용으로 투자하고 있다. 탐험과 활용을 적절히 분배한 전략이 혼다를 지속적으로 성장시키고 튼튼한 기업으로 만들어 준 것이다.

낯섦을 찾는
일상의 탐험가가 돼라

우리의 일상에서 탐험가가 될 수 있는 방법은 무엇이 있을까? 다음 몇 가지를 실천해 보자.

첫째, 다양한 분야의 책을 통해 간접적인 탐험을 한다. 직접 가보지 못하거나 체험하지 못한 곳은 책을 통해 간접적으로 가보고 체험할 수 있다. 제임스 캐머런 감독은 어렸을 때부터 독서광이었다. 그가 섭렵한 다양한 분야의 책들은 그에게 상상력과 탐험의 열정을 불어넣었다. 훗날 그의 영화 대부분이 이때 읽었던 책과 자연을 통한 경험에서 영감을 얻었다고 하니 그의 인생에서 독서가 얼마나 중요했는지는 더 말할 필요도 없다.

데일 카네기는 책을 실컷 읽고 싶어서 일부러 책방 점원이 된 적도 있었고, 벤저민 프랭클린은 책 살 돈이 없어서 한 권을 사서 읽으면 다시 팔아 다른 책을 샀다고 한다. 뉴턴은 다락에 숨어 책을 보느라 돌보던 가축이 다 도망가서 곤란한 일을 겪었고, 빌 게이츠는 지금의 자신을 만든 것은 동네의 작은 도서관이라고 말했다. 21세기 최고의 인재라 불리는 스티브 잡스 역시 시뿐만 아니라 다양한 인문학 서적을 섭렵한 독서광으로 유명했다. 이처럼 한 세기를 풍미했던 사람들은 하나같이 독서가 현재의 자신을 만들었다고 입을 모아 말한다.

둘째, 다양한 미디어를 통해 다양한 발견을 한다. 최근 디지털 기술의 발달로 우리가 가보지 못한 미지의 세계를 직접 촬영해 친절하게 해설까지 해주는 다큐멘터리 방송이 많이 생겼다. 대표적인 채널이 디스커버리 채널이다. 이 특이한 회사의 창업자는 호기심으로 충만한 인생을 살고 있는 존 헨드릭스John Hendricks다. 그는 어렸을 때부터 TV에 열광했는데 특히 뉴스와 역사, 과학 다큐멘터리에 깊은 관심이 있는 조금 특이한 아이였다. 그는 칼 세이건Carl Sagan의 《코스모스》를 보며 우주를 탐험했고, 월터 크롱카이트Walter Cronkite가 진행하는 역사 다큐멘터리를 보며 인류의 역사를 탐험했다.

헨드릭스의 창의력은 이런 질문에서 시작된다. '왜 TV는 더 스마트해질 수 없을까?' 이 질문은 그가 미국에서 최초로 다큐멘터리 채널을 만들게 했다. 디스커버리 채널은 현재 215개국에서 방영되고 약

19억 명의 시청자를 보유하고 있는 미국 최대의 미디어그룹이다. 그는 "우리의 사업은 단순히 방송 일이 아니라 소비자들이 세상을 탐험하고 그들의 호기심을 만족시키도록 돕는 일"이라고 말한다.

셋째, 여행을 통해 다양한 경험을 많이 쌓는다. 여행은 곧 탐험이다. 그리고 여행은 쉼이 아니라 배움이다. 여행은 자신의 자리를 떠나 세상이 얼마나 크고 넓은지, 얼마나 많은 사람들이 다양한 생각을 하고 있는지 체험하고 깨닫게 해주는 탐험의 과정이다. 자신의 안전지대comfort zone를 떠나 두려움과 불안감이 존재하는 창의지대creative zone로 이동하는 과정이다. 그렇기에 우리의 뇌는 더 민감해지고 경험하는 모든 것을 더 잘 기억하게 된다.

여행을 새로운 시각을 가지고 돌아오는 여정으로 만들어 보자. 보고, 듣고, 느낀 것들을 기록하고 의미를 채워 나가다 보면 전에는 몰랐던 새로운 뭔가를 발견할 것이다. 창의적 사고는 '낯섦'에서 시작한다. 여행을 통해 오늘 하루를 낯설게 만드는 것은 어떨까?

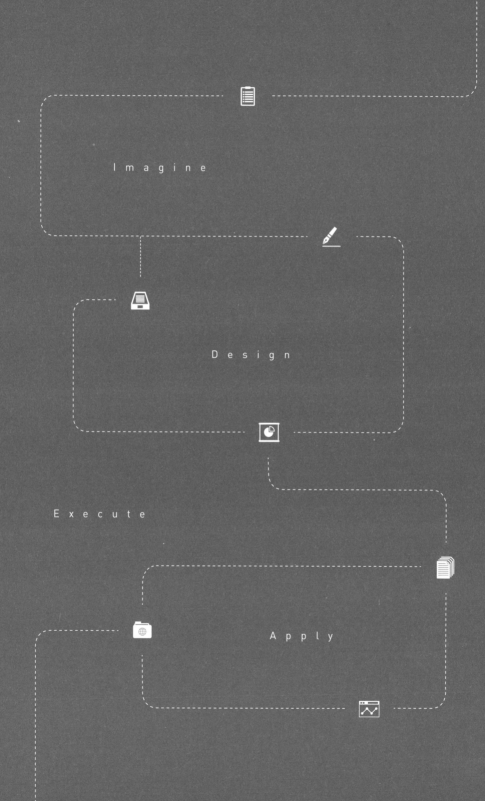

Imagine

Design

Execute

Apply

Part 2

Design

아이디어는 늘
그 자리에 있었다

창의적 인재는 수많은 상상들을 결합해 아이디어로 만들어 내고 실행을 위한 방법론을 구체적으로 디자인하는 사람들이다. 창의적 산물은 결코 우연히 만들어지지 않으며 천재들만의 전유물도 아니다. 이를 위해 문제의 본질을 꿰뚫어 볼 수 있는 해결사problem-solver가 돼야 한다. 그리고 세상에 가득한 수많은 정보와 지식들을 다양한 방법으로 연결하는 연결자connecter가 돼야 한다. 전혀 다른 사람들의 상상과 아이디어들을 연결하면 새로운 창의적 산물을 만들어 낼 수 있다. 빅 아이디어를 현실로 디자인하기 위해서는 정교하고 구체적인 설계도가 필요하다. 가장 좋은 방법은 새로운 생각을 이끌어 내기 위해 협업하고, 질문을 만들어 내는 질문자questioner, 타인의 강점을 철저히 모방해 내는 창조적 모방가imovator가 되는 것이다.

1 투시

- 문제는 누구나 안다.
, 본질을 모를 뿐

PROBLEM - SOLVER

많은 스포츠 경기가 극적이지만 그중에서 가장 극적인 장면을 연출하는 종목을 꼽는다면 아마 농구를 들 수 있을 것이다. 한 치 앞도 알 수 없는 경기에서 단 1~2초를 남겨 놓고 승부가 뒤집히는 경우가 발생하기 때문이다. 이때 승부를 결정짓는 한 방을 날리는 선수가 있다면 우리는 그를 '해결사'라고 부른다.

스포츠 역사상 최고의 해결사로 불렸던 사람은 누구일까? 많은 사람들이 주저 없이 농구의 황제 마이클 조던을 꼽는다. 그는 1984년 시카고 불스에 입단해서 1993년까지 총 6회 우승, 현역 시절 시즌 득점왕 10회, 파이널 MVP 6회 등 수많은 진기록을 남겼다. 그가 해결사로 불렸던 이유는 바로 역전 버저비터를 가장 많이 만들어 낸 선수이기 때문이다. 절체절명의 순간이 오면 감독은 주저하지 않고 조던에게 공을 패스해 마지막을 결정짓게 했다. 세계 최고의 무대 NBA에서 그는 20년 가까이 활약하면서 극적인 버저비터를 비롯해 세기의 명장면을 수없이 만들어 냈다.

대체 무엇이 조던을 해결사로 만들었을까? 전문가들은 그가 자신감, 실력, 집중력이라는 세 가지 조건을 갖췄기 때문이라고 말한다. 지는 게 죽는 것보다 싫었던 그는 지독한 연습 벌레였다. 그리고 실패를 두려워하지 않고 끊임없이 도전했으며 부정적인 상황을 긍정적인 상황으로 바꾸는 능력을 길렀다. 승리에 대한 열망과 몰입이 그를 해결사로 만든 것이다. 그는 말한다. "대다수 사람들은 자신이 바라는 일이 저절로 이뤄지기만을 기대하지만 소수의 성공한 사람들은 그 일이 이뤄지게 만든다."

○ 문제의 핵심,
● '킹핀'을 찾아라!

모든 스포츠가 드라마틱한 이유는 승부를 결정짓고 역전시키는 한

방의 순간이 존재하기 때문이다. 축구에서는 골든골, 농구에서는 버저비터, 야구에서는 9회 말 투아웃의 역전타가 그렇다. 결정적 순간 강력한 한 방으로 전체 분위기를 뒤집어 버리는 순간이다. 이 한 방은 문제의 핵심인 킹핀을 찾아내는 데서 나온다. 킹핀은 볼링에서 5번 핀을 말한다. 5번 핀을 공략하지 못하면 스트라이크가 나올 수 없는데, 이것을 넘어뜨려야 어느 방향으로 넘어지든 다른 핀에 영향을 줄 수 있기 때문이다. 만일 킹핀을 고려하지 않고 1번이나 2번 핀을 공략한다면 절대 스트라이크를 만들어 낼 수 없다.

영국 최고의 축구 클럽으로 박지성 선수가 뛰었던 맨체스터 유나이티드를 생각해 보자. 이 팀이 최고의 축구 클럽이 될 수 있었던 비결은 무엇일까? 실력? 화려한 경기 전적? 유명한 선수들? 아니다. 비결은 경영 방식에 있었다. 맨체스터 유나이티드의 핵심 비즈니스는 '승리의 골'이 아닌 '팬'에 있었다.

많은 축구 클럽들이 이기는 축구를 추구한다. 하지만 맨체스터 유나이티드는 팬들이 즐기는 축구를 만드는 데 집중했다. 맨유 TV, 라이선싱 사업, 잡지, 경기장 프로그램, 카페 등 다양하고 혁신적인 수익 모델을 만든 것이다. 그들은 스포츠 팀이 경기만 잘해서는 최고가 될 수 없음을 알고 있었다.

화려한 성적표를 가지고도 팀을 응원하는 팬들이 줄면 클럽 운영이 힘들다. 그래서 많은 스포츠클럽들이 재정난에 시달리면서 몰락하는 경우가 허다하다. 하지만 맨체스터 유나이티드의 '팬'이라는 킹핀

공략은 결정적인 한 방으로 작용했다. 팀의 브랜드 가치를 높이고, 팬들의 사랑은 물론 실력과 성과에서 더욱 인정받는 팀이 되는 해결사 역할을 했다.

그렇다면 킹핀을 찾았다고 해서 모든 문제가 해결될 수 있을까? 당연히 그렇지 않다. 킹핀을 찾은 다음에는 그 킹핀을 정확히 맞혀 쓰러뜨려야 한다. 즉, 결정적 한 방을 날릴 수 있는 준비가 돼 있어야 한다. 예를 들어 야구 경기에서 '클러치 히트'라는 말이 있다. 주자가 있을 때, 또는 팀에서 꼭 득점이 필요할 때 결정적 한 방을 터뜨려 경기를 끝내는 안타나 홈런을 말한다. 이 클러치 히트를 잘 만들어 내는 선수가 진정한 해결사인 셈이다. 그런데 결정적인 순간에 엄청난 긴장 속에서 최고의 능력을 발휘하려면 지독한 연습이 뒷받침돼야 한다. 연습을 통해 쌓아 왔던 내공이 중요한 순간에 극도의 부담과 긴장을 이기고 결정적 한 방이 되는 것이다.

관점을 전환하면
문제의 본질이 보인다

최근 가장 주목받는 산업 중 하나가 전기자동차다. 2015년 폭스바겐의 배출가스 조작 사건으로 더욱 탄력을 받고 있는 분야이기도 하다. 그런데 전기자동차의 관심과 개발은 갑자기 시작된 게 아니다. 자동차가 태동하기 시작한 1900년대 초반 미국 자동차 시장의 38퍼센트가 전기자동차였다고 한다. 당시 22퍼센트만이 가솔린 자동차였다고 하니 놀라운 일이다. 하지만 전기자동차는 치명적인 단점 때문에 확산되지 못했다. 짧은 주행거리, 배터리 관리 같은 문제로 더 이상 개발되지 못한 것이다. 반면 가솔린 자동차는 석유를 기반으로 한 장거리 운행 엔진이 개발되고 주유소의 인프라가 갖춰지면서 대표적인 교통수단으로 부각됐다.

이후 공기오염 문제로 배기가스가 없는 전기자동차에 대한 관심이 수차례 부각됐지만 높은 가격, 짧은 운행거리, 전지의 수명 문제, 충전소 인프라 등 기술적 문제와 사업성의 부재로 매번 주저앉고 말았다. 어느 누구도 전기자동차 개발에 선뜻 나서지 못했다. 그런데 2013년 혜성같이 등장한 기업이 있었다. 바로 자동차업계의 애플이라고 불리는 테슬라모터스Tesla Motors가 그 주인공이다.

미국의 자동차 전문잡지 《모터트렌드》Motor Trend는 2013년 올해의 차로 테슬라의 '모델 S'를 선정했다. 그 이유는 매우 당혹스러운데, "스포츠카처럼 민첩하며 롤스로이스처럼 부드럽고, 대형 SUV만큼 짐을 실을 수 있으며 토요타의 프리우스보다 연비가 좋은 차"라는 것이다. 우리가 익히 알고 있는 전기자동차의 단점이 하나도 없다.

심지어 테슬라는 모델 S를 출시한 지 1년여 만에 단일 차종으로 벤츠, BMW, 아우디 등 독일의 3사가 포진한 캘리포니아의 프리미엄 자동차 시장에서 점유율을 10퍼센트대까지 끌어올리면서 급성장하고 있다. 이런 일이 어떻게 가능했을까? 핵심은 모두가 개발을 주저했던 바로 그 이유에 있었다. 테슬라는 전기자동차의 문제를 정확히 파악하고 있었기에 성공했던 것이다.

첫째, 테슬라는 전기자동차 구동부의 핵심 부품인 배터리, 모터 등에서 기존 업체와는 차별화된 기술을 개발해 보유하고 있었다. 전기자동차의 가장 큰 단점은 주행거리가 짧다는 것이다. 업계에서는 단순히 배터리 용량을 늘리는 데 힘을 쏟은 반면 테슬라는 생각을 달리했다. 대용량 배터리는 차량의 무게를 늘려 주행거리 및 속도 개선에 별 효과가 없다고 여겼다. 오히려 제조 원가의 절반을 차지하는 배터리 비용이 더 높아질 수도 있었다.

테슬라는 전기자동차 전용 배터리 대신 노트북에 들어가 원가와 에너지 밀도 등에서 높은 경쟁력을 달성한 IT용 소형 배터리를 적용해 주행거리 확보 및 제작비용 절감을 이뤄 냈다. 또한 자동차의 엔진에 해당하는 모터 기술도 일반적으로 사용하는 영구자석형 모터 대신 출력이 3~4배 높은 유도형 모터를 개발해 고성능 스포츠카 수준의 가속력을 달성했다. 여기에 출력이 강력할 때 생기는 제어의 어려움을 극복하기 위해 모터 정밀제어 기술을 개발해 뛰어난 주행 성능까지 갖추게 됐다.

둘째, 테슬라는 차량 설계와 디자인을 획기적으로 바꿨다. 차량 무게에서 가장 큰 비중을 차지하는 배터리팩을 차량의 바닥에 장착하고 차체를 고가의 탄소복합소재와 알루미늄으로 대체해 무게중심을 낮추고 공기저항계수를 줄였다. 이는 뛰어난 코너링과 승차감, 그리고 안정성을 제공하는 데 기여한다. 또한 기존 자동차 대비 50퍼센트 정도의 부품만 사용하는 전기자동차의 강점을 극대화해 승용차임에도 3열 시트 장착이 가능하게 했고 추가 적재 공간을 만들어 실용성을 강조했다. 특히 운전석에는 17인치 대형 터치스크린을 설치해 다양한 IT 기술을 접목시키고 제어할 수 있는 편의성도 제공했다.

전기자동차는 고유가 시대의 대안으로 출발했다. 하지만 대부분의 업체들이 전기자동차의 경제성에만 집중해 차일피일 개발을 뒤로 미루고 있는 동안 테슬라는 문제의 본질을 명확히 파악하고 대처했다. 고성능, 안락함, 연비 절감, 뛰어난 공간 활용성 등 전기자동차의 강점을 극대화한 최고급 자동차를 제작해 전기자동차의 패러다임을 바꾼 것이다. 관점을 전환해서 문제의 본질을 정확히 파악한 것이야말로 오늘날의 테슬라를 있게 한 전략이었다.

소비자가 정말 원하는 것은 무엇인가

얼마 전 '유통업계 불황 속 독주, 편의점 홀로 웃는다'는 한 신문 기사의 제목이 눈에 들어왔다. 몇 년 전만 해도 편의점을 이용하는 고객은 드물었다. 슈퍼마켓이나 대형 할인마트의 저렴한 가격이 편의점을 위협했기 때문이다. 그런데 최근 백화점, 대형 마트, 홈쇼핑 등 주요 채널이 성장 한계에 직면하면서 부진을 면치 못하고 있다. 바로 1인 가구와 여성 노동인구의 증가, 소량 구매 패턴 등 구조적인 변화에 대응하지 못했기 때문이다. 이는 거꾸로 부진했던 편의점의 성장 촉매제가 됐다. 이제 국내 3대 편의점의 매출액과 영업이익은 평균 40퍼센트 성장세다. 점포 수는 무려 1만 개를 넘어설 전망이다.

한 편의점업체는 상품연구소를 오픈해 상품 혁신을 본격적으로 시작했다. 카페 브랜드를 론칭해 테이크아웃 커피 시장에도 뛰어들었다. 이들은 편의점 사업의 미래 경쟁력을 상품에서 보고 있다. 차별화된 상품으로 성장세를 이어 간다는 전략이다. 또 다른 편의점업체는 차별화된 서비스에 주력하고 있다. IT 기술들을 활용해 고객들의 편의를 극대화해서 성장을 이끌겠다는 전략이다. 그 예로 컬러 프린터, 컬러 복사, 팩스, 주민등록등본 출력, 토익성적표 발급 등 신개념 생활 편의 서비스를 제공하고 있다.

일본은 이미 2000년대 초반부터 편의점 사업이 활성화되기 시작했다. 물론 그보다 훨씬 전인 1974년에 미국의 세븐일레븐을 인수해 도쿄에서 사업을 시작했지만 당시에는 슈퍼마켓의 저렴한 가격에 밀려 소비자에게 외면을 당했다. 그런데 2009년에 이르러 편의점은 슈퍼마켓 식품 부문 매출을 따라잡을 정도로 성장했다. 바로 소비자들에게서 해답을 찾았기 때문이다. 요즘 일본에서는 '야채 강화형'이라는 편의점이 인기라고 한다. 야채나 과일이 20~30품목에 반찬까지 진열돼 있어 주부들이 가족의 식사를 준비하는 데 필요한 재료를 웬만큼 해결할 수 있다.

일본의 3대 편의점으로 불리는 로손의 경우 야채 강화형 점포가 6,000여 개로 최근 2년 새 네 배 정도가 늘었다고 한다. 젊은 독신 남녀나 학생들의 전유물로 여겨졌던 편의점이 주부들의 해결사로 변신한 것이다. 주부들을 철저히 관찰해서 문제의 본질을 찾아낸 것이 주효했다. 로손은 편의점의 기존 타깃이었던 젊은 층에서 벗어나 주부, 노인 등 새로운 고객을 편의점으로 끌어들이는 데 성공했다.

최근 편의점은 점포에서 고객을 기다리는 것이 아니라 찾아 나서는 방향으로 진화하고 있다. 주택가를 돌며 노인들에게 도시락이나 어묵을 배달하기도 하고 연말엔 크리스마스 케이크를 주문받기도 한다. 또 젊은 여성을 대상으로 10분 만에 간단히 요리할 수 있는 세트 제품을 주 1회 배달하는데 제품 가짓수만 5,000여 개가 된다고 한다.

이들의 성공 비결은 단지 편리함을 추구한 데 있지 않다. 제품의 질을 높이기 위해 외부에 의존하지 않고 공동 개발 또는 독자적인 개발을 진행했다. 맛과 편의성, 그리고 다양한 상품을 보유하고 있는 오늘날 편의점은 기존 대형 마트나 슈퍼마켓의 문제점을 명확히 인식하고 대응해 성공한 케이스라고 볼 수 있다. 사회적 변화를 적극적으로 수용하고 소비자들의 니즈를 명확하게 파악하려는 노력들이 문제의 핵심을 정확히 끄집어 낸 것이다.

지금 일본의 편의점 시장은 상상을 초월하는 상품을 판매하고 있다. 은행업 진출로 편의점에서 은행 업무를 보는가 하면, 가정용 전기를 판매하겠다는 계획도 세우고 있어 앞으로의 행보가 기대된다.

○ 선택과 집중보다 중요한 '균형'
● 디자인 씽킹

당신은 문제를 해결할 때 직관적 사고를 선호하는가, 아니면 분석적 사고를 선호하는가? 2010년 세계에서 가장 영향력 있는 경영학 교수 10인에 든 로저 마틴Roger Martin은 양자택일적 사고를 버리고 두 대안의 장점을 통합해 새로운 대안을 창조해야 새로운 차이를 만들어 낼 수 있다고 역설했다. 그는 이것을 '디자인 씽킹'Design Thinking이라고 정의한다. 분석적 사고의 논리와 직관적 사고의 창조성이 상호작용하면서 균형을 이루는 상태다. 그리고 사고의 형태는 미스터리(설명할 수 없는 가능성)에서 경험 규칙(해결책에 이르는 경험 법칙)과 알고리즘(해답을 산출하는 예측 가능한 공식)으로 심화되는 과정이다.

맥도날드 사례를 살펴보자. 1940년대 미국의 중산층은 빠르게 증가했고 자동차 문화가 발달하기 시작했다. 부와 여유를 만끽하기 시작한 사람들을 보고 맥도날드 형제는 그들에게 필요한 것이 무엇인지 고민하기 시작했다. 그리고 차를 이용해 주문해서 가져갈 수 있는 테이크아웃 레스토랑을 만들었다. 식당의 인기는 많았지만 한 가지 문제가 발생했다. 바비큐를 굽는 시간이 오래 걸려 자동차 주문을 많이 받기가 어려웠던 것이다.

　맥도날드 형제는 다시 고민했다. 해변에 놀러 가는 사람들이 먹고 싶어 하는 음식은 어떤 것일까? 답은 간단했다. 그들은 메뉴를 25가지로 단순화하고 햄버거를 규격화했다. 또한 고객이 자동차를 몰고 판매 창구까지 와서 음식을 직접 받아가는 드라이브인 서비스를 시작했다. 결과는 성공적이었다. 퀵 서비스 레스토랑이라는 개념을 만들어 낸 것이다.

　프록터앤드갬블Procter & Gamble, P&G 역시 디자인 씽킹으로 효과를 본 대표적 기업이다. 2000년 6월 정체돼 있던 P&G에 A. G. 래플리A. G. Lafley라는 CEO가 등장했다. 그는 실적 부진의 이유가 개발에 엄청난 공을 들여 얻어 낸 미스터리를 경험 규칙으로 전환하지 못한 데 있다고 생각했다. 그리고 '연계와 개발'Connect and Develop 프로젝트를 만들었다. 내부에서 모든 과정을 진행하는 게 아니라 회사 외부의 혁신가들과 연계해 신제품을 개발하고, 제품 혁신의 절반을 외부의 아이디어로 채운다는 목표였다. 2006년부터 신제품의 35퍼센트는 외부 아이디어에서 나오기 시작했다. 그리고 연구개발비는 줄고 새로운 제품의 성공 비율은 다섯 배 증가했다.

　허먼밀러Herman Miller에서 만든 에어론 의자도 비슷한 히스토리를 가지고 있다. 커버도, 쿠션도 없고 미세한 구멍이 숭숭 뚫린 이 의자는 수많은 디자인상을 수상하면서 뉴욕 현대미술관의 영구적인 소장품

그물처럼 뚫린 구멍으로(오른쪽 사진) 공기가 순환하여
오랫동안 앉아 있어도 쾌적함을 유지하는 에어론 의자

이 됐다. 개발 당시 허먼밀러는 사무실에서 의자에 앉아 있는 사람들을 관찰한 결과 그들이 자주 자세를 바꾼다는 사실을 발견했다. 의자의 쿠션이 열을 너무 많이 간직하고 있어서였다. 이를 방지하기 위해 망사 같은 소재를 사용했지만 독특하고 투명한 외관 때문에 난관에 부딪혔다. 당시 의자는 신분을 상징했기 때문이다. 만일 관찰에 의한 직관적 사고가 아닌 의자에 대한 분석적 사고를 했다면 결코 세상에 나오지 못할 제품이었다. 하지만 허먼밀러는 제품의 개발 의도를 소비자들에게 충실히 전했고 에어론은 가장 성공한 의자가 됐다.

금세기 최고의 기업이라고 불리는 애플! 그들의 성공 신화에는 아이팟이라는 상품이 있었다. 아이팟은 확실히 획기적이지만 이것을 창조할 만한 능력을 지닌 기업은 셀 수 없이 많다. 단지 실행을 하지 못할 뿐이다. 이유는 무엇일까? 바로 분석적 사고 때문이다. 많은 기업들이 아이팟 같은 제품을 개발하려면 사업적 리스크가 크다는 결론을 내렸다. 하지만 직관력이 뛰어난 스티브 잡스는 그 기회를 움켜쥐고 시장을 주도했기에 오늘날의 애플을 있게 했다.

물론 잡스의 직관력이 늘 성공으로 이어지진 않았다. 의외로 분석적 사고를 소홀히 해서 애플 TV, 파워맥 G4 큐브, 넥서스 등에서 실패하기도 했다. 그러나 이런 실패를 통해 잡스는 통합적 사고법인 디자인 씽킹을 촉진시켰고 이후 아이폰, 아이패드로 연타석 홈런을 몰아치며 시장을 주도하는 제품을 만들어 냈다.

《디자인 씽킹》의 저자 로저 마틴은 이렇게 말한다. "앞으로의 시대는 분석과 직관이 균형을 이루는 디자인 씽킹을 활용하는 리더가 세상을 바꾸는 위대한 혁신을 만들어 낼 것이다."

남들과 다른 1퍼센트를 찾아라

창의적 사고의 시작은 문제의 본질을 파악하는 데 있다. 하지만 결정적인 순간 한 방을 날릴 수 있는 해결사는 단지 문제의 핵심을 안다고 해서 될 수 있는 건 아니다. 그렇다면 무엇을 해야 문제의 본질을 제대로 파악하고 한 방을 날리는 해결사가 될 수 있을까?

첫째, 평소에 여러 가지 상황을 설정하고 시뮬레이션을 해봐야 한

빅데이터 분야에서 핵심은
자료 자체가 아니라 그 자료를 얼마나
창의적으로 기획하느냐에 달려 있다.
혁신은 남들이 다 알고 있는 데이터가 아닌
창의적 직관에서 나온다.

다. 의외로 우리의 삶에서 일어나는 돌발적 상황은 그리 많지 않다. 어쩌면 그 모두가 예견된 일들이다. 단지 연습을 통해 미리 준비하지 못했기에 뻔히 아는 상황에서도 잘 대처하지 못하고 자책할 뿐이다. 기억하자! 위대한 해결사들은 모두 지독한 연습 벌레였다.

둘째, 균형적인 사고로 문제에 접근해야 한다. 앞서 언급했듯이 데이터에 의한 분석적 사고와 경험에 의한 직관적 사고를 통합적으로 활용해야 한다. 창의적 문제 해결 과정의 핵심은 바로 직관에 의한 선택이기 때문이다. 수많은 데이터로 현상을 분석하는 빅데이터 분야에서 핵심은 자료 자체가 아니라 그 자료를 얼마나 창의적으로 기획하느냐에 달려 있다. 혁신은 남들이 다 알고 있는 데이터에서가 아닌 창의적 직관에서 나온다는 것을 잊지 말자.

셋째, 자신만의 해결사 그룹을 만들어 보자. 즉, 집단지성을 적극적으로 활용하라. 문제 자체에 몰입하다 보면 고정관념에 빠지기 쉽다. 편향bias이 생기고 휴리스틱heuristic(경험에 의한 추론적 사고)에 매몰돼 탈출구를 찾지 못하게 된다. 이럴 때 다양한 분야의 사람들과 해결사 그룹을 만들어 문제를 다른 시각에서 바라보도록 해보자. 생각지도 못한 곳에서 획기적인 문제 해결 방법을 찾게 될 것이다.

2 연결

- 전혀 상관없어 보이는
- 점들을 연결시켜라

CONNECTER

1995년 컬럼비아대학교의 한 연구팀이 재미있는 실험을 했다. 60마리의 실험용 쥐를 두 그룹으로 나누고 A 그룹은 칸막이가 없는 넓은 공간에 두고서 장난감을 같이 넣어 주었다. 그리고 B 그룹은 30개의 칸막이가 있는 공간에 각각의 쥐를 넣어 혼자 지내게 했다. 두 달 정도 지난 후 A 그룹과 B 그룹 쥐의 뇌를 해부한 결과 놀라운 결과가 나타났다. A 그룹의 쥐는 뉴런neuron(신경세포)들이 촘촘히 연결돼 있는 반면 B 그룹의 쥐는 반대의 결과를 보인 것이다.

놀이가 뇌를 발달시키고 창의성을 증진시킨다는 최근 연구와 맥을 같이하는 결과였다.

오늘날 뇌과학의 발달로 인간의 뇌도 다양한 방식으로 연구되고 있다. 특히 다양한 활동들이 인간의 뇌에 어떤 반응을 가져오는지에 대한 연구가 한창이다. 그런데 재미있는 것은 인간이 창의적인 생각을 할 때 뇌의 전혀 다른 영역들이 서로 연결돼 반응한다는 연구가 발표됐다. 정리하면 창의적인 인재들은 일반 사람들보다 뉴런이 더 촘촘하게 연결돼 있고, 창의적인 활동을 할 때는 그와 상관없는 뇌 영역들이 연결돼 반응한다는 것이다. 그렇다면 비즈니스의 세계에서는 어떻게 이 연결의 힘을 활용하고 있을까?

○ 21세기의 부는
● 연결하는 자에게 있다

알리바바, 아마존, 페이스북, 카카오, 구글, 네이버 등 이름만 들어도 누구나 고개를 끄덕이는 이 존경스러운 기업들의 성공 비결은 무엇일까? 이들의 공통점은 제품을 생산하고 서비스를 제공하는 게 아닌 사람들이 필요로 하는 제품이나 서비스를 서로 '연결해 주는' 일을 통해 엄청난 성공을 거둔 기업이라는 점이다. 알리바바는 남이 만든 것을 연결만 해주는데도 회사 평가액이 132조 원이라고 한다.

이들에게 연결은 새로운 패러다임을 생산해 내는 마법과도 같다. 어쩌면 부는 더 이상 물건을 만드는 자의 것이 아니라 연결하는 자의 것이 됐는지 모른다. 제품도 공장도 없이 남들이 수십 년, 수만 명을 동원해 만든 것을 단숨에 능가해 버렸으니 말이다. 그들은 말한다. 이제는 존재와 소유가 아닌 연결과 통제의 시대라고, 이 시대에 커넥터로서 발 빠르게 변화에 대응해야 한다고 말이다. 그렇다면 이들 기업의 전략은 무엇일까?

첫째는 큐레이션curation이다. 여러 정보를 수집하고 선별해 새로운 가치를 부여해서 전파하는 것이다. 현재 월간 조회 수 12억이 넘는 초대형 언론 사이트 《허핑턴 포스트》나 《리더스 다이제스트》의 성공 비결은 잘 골라내고 걸러 내는 큐레이션에 있었다. 네이버, 구글 같은 기업은 검색엔진을 기반으로 잘 정돈된 엄청난 양의 정보가 경쟁력이라고 할 수 있다. 우리에게 전해지는 수많은 정보들은 이 기업들이 선별하고 정리한 내용인 것이다.

둘째는 플랫폼 네트워크 효과platform network effect다. 알리바바, 아마존, 옥션 등은 판매자와 구매자를 연결시킨다. 상점은 점포와 고객을 연결시키고 SNS는 다양한 개인들을 연결시켜 교류나 거래를 촉진시킨다. 혹자는 이들을 가리켜 '모빌라이저'Mobilizer라고 부른다. 어떤 목적을 위해 사람이나 물자를 모으는 사람을 일컫는 말이다.

예를 들어 최근 이슈가 되고 있는 O2OOnline to Offline 비즈니스 모델이 대표적이다. 온라인으로 사람을 모아 오프라인을 활성화하는 전략이다. 배달 서비스, 세차 서비스, 중고차 판매, 차량 수리 등이 이에 해당된다. 일단 판을 벌여 놓으면 상품들이 모이고 사람들이 모여 서로 엮이는 생태계가 만들어진다. 이 모든 것들이 연결을 통해 창출된다. 구글, 애플, 페이스북, 아마존 등 세계 최고의 기업들은 모두 연결을 통한 판을 제대로 벌여 사람과 물자가 모여서 성공한 경우다.

셋째는 독특한 아이디어로 승부하는 촉매기업이라는 점이다. 미국 MIT 경영대학원의 리처드 슈말렌지 Richard Schmalensee 교수는 저서 《카탈리스트 코드》에서 촉매기업을 언급했다. 촉매기업은 서로 필요로 하지만 직접 만나기 힘든 두 집단을 발견하고 이들을 효과적으로 연결시켜서 돈을 버는 기업을 말한다.

대표적인 기업이 미국의 액티브 Active 라는 회사다. 이 회사는 어떻게 돈을 벌까? 간단하다. 부동산중개사와도 비슷한 이들의 역할은 전혀 관계없어 보이지만 서로를 필요로 하는 사람들을 연결해 주는 것이다. 대표적인 거래 중 하나가 한 TV회사의 재고 TV를 처분해 준 일이다.

당시 3D TV가 출시되면서 이 회사의 평면 TV가 재고로 쌓이게 됐다. 이에 액티브는 3D TV가 아닌 평면 TV가 필요한 고객을 발견했다. 바로 리노베이션 중인 호텔들이었다. 호텔은 굳이 가격이 비싼 3D TV가 필요하지 않았다. 관리도 힘들고 비용도 만만치 않기 때문이다. 이를 간파한 액티브는 평면 TV를 넘기면서 가격의 절반은 현금으로, 절반은 숙박권으로 받아 냈다. 호텔의 입장에서 숙박권은 호텔의 빈방을 주는 것이기 때문에 절반의 비용으로 TV를 구매한 셈이다. 그리고 TV회사 입장에서는 재고를 처분할 수 있어 이득이었다.

액티브는 여기서 그치지 않았다. 호텔에서 받은 숙박권을 다시 여행사에 넘긴 것이다. 결국 이 거래에 참여했던 TV회사, 호텔, 여행사는 모두 이익을 보았고 액티브는 상당한 커미션을 챙겨 모두가 승자가 됐다. 이렇듯 연결은 창조의 시작이다. 그리고 이런 연결의 천재들이 세상을 바꾸는 시대가 도래했다.

새로울 것 없는 세상에서 새로운 것을 발견하는 법

"창의성이란 연결하는 것이다."

21세기 가장 창의적인 인재로 꼽히는 스티브 잡스의 말이다. 서로 연관 없어 보이는 것들이 연결돼 새로운 것을 만들어 내는 과정이 변화와 창조의 시대에 필요한 창의성이라고 할 수 있다. 그러면 무엇을 어떻게 연결시켜야 할까? 미시건대학교의 매리 지크Mary Gick 박사와 키스 홀리오크Keith Holyoak 박사는 대학생들을 두 그룹으로 나눠 똑같은 문제를 출제하고 정답을 요청했다. 문제는 다음과 같았다.

위암이 있는 환자를 치료하고자 한다. 병원은 방사선을 이용해 종양을 제거할 예정이다. 그런데 종양의 크기가 너무 커서 한꺼번에 제거

할 경우 방사선의 양이 많아 다른 장기의 손상이 예상되고, 일정 시간을 갖고 천천히 치료할 경우 다른 장기로 암이 전이될 가능성이 크다고 한다. 여러분은 어떻게 하겠는가?

A 그룹에게는 바로 정답을 요구했고, B 그룹에게는 정답과 전혀 상관없는 옛날 전쟁 이야기를 들려주고 정답을 요구했다. 결과는 어땠을까? A 그룹은 정답을 낸 사람이 10퍼센트 정도인 데 반해 B 그룹은 무려 75퍼센트가 정답에 근접했다. 왜 이런 현상이 벌어졌을까? 암 치료와 전쟁 이야기라는 전혀 연관성이 없는 것을 연결시키는 과정에서 창의성이 발휘됐기 때문이다. B 그룹에 들려준 전쟁 이야기는 다음과 같았다.

한 나라가 적군의 성을 정복하기 위해 군사를 훈련시켰지만 문제가 있었다. 그 성으로 가기 위한 길이 너무 협소해서 한꺼번에 공격하기가 불가능했던 것이다. 따라서 기습적으로 성을 공격하는 전략을 택했고 여러 방향에서 협공해 공성전에서 승리했다.

B 그룹의 학생들은 이 이야기를 듣고 방사선 치료와 연결시켰다. 하나의 강한 방사선을 사용하면 주위 장기가 손상을 입으므로 몇 개의 약한 방사선을 동시에 여러 방향에서 사용한다는 답을 내놓은 것이다. 그러면 주위 장기의 손상도 막을 수 있고, 방사선들이 한 점에

모이면 강한 방사선의 효과도 얻을 수 있다. 의학과 군사전략이라는 상관없어 보이는 내용을 연결해서 창의적인 해답을 찾아낸 것이다. 생각의 연결 고리를 찾는다는 건 보이지 않았던 공통점을 만들어 내는 일이다. 탁월한 아이디어는 천재들의 번뜩이는 영감만이 아니라 또 다른 아이디어와 연결되는 과정에서 탄생한다는 사실을 보여 주는 실험이다.

이처럼 연결을 통해 창의성을 끌어낸 사례는 무수히 많다. 아르키메데스는 금의 순도를 측정하는 문제를 고민하다가 자신의 목욕물이 넘치는 것을 보고 답을 알아냈다. 구텐베르크는 포도 축제에 갔다가 포도즙 짜는 기계를 보고 인쇄기의 결정적인 아이디어를 얻었다. 헨리 포드는 돼지의 도축장 시스템을 보고 이를 자동차 제작과 연결해 컨베이어벨트를 만들었다.

인류의 역사를 바꾼 이런 사건들을 가리켜 '세렌디피티'serendipity라고 표현하기도 한다. 뜻밖의 발견을 의미하는 말이다. 틀렸다고 할 순 없지만 정확한 표현은 아니다. 우연한 발견이라도 사실은 이미 가지고 있었던 예감을 구체화하거나 가능성을 높여 마지막 퍼즐 조각을 맞추는 것이기 때문이다. 결국 다른 영역과의 연결이 결정적인 하나의 퍼즐 조각이 된다. 남들이 발견하지 못하는 연결 고리를 찾아내는 것이야말로 창의성의 시작인 셈이다.

탁월한 아이디어는
천재들의 번뜩이는 영감만이 아니라
또 다른 아이디어와
연결되는 과정에서 탄생한다.

○ 세렌디피티?
● 필연적 우연!

세렌디피티라는 단어에 대해 좀 더 얘기해 보자. 영국 18세기 문필가 호레이스 월폴Horace Walpole이 처음 언급한 이 단어는 '행운'의 다른 말로 알려져 있다. 우연히, 예기치 않게 새로운 것을 발견해 내는 능력을 가리킬 때 쓰인다. 특히 과학 분야에서는 실험 도중 실패를 통해 얻은 중대한 발견이나 발명을 뜻하기도 한다. 월폴은 페르시아 우화 《세렌디프(스리랑카의 옛 이름)의 세 왕자》에서 주인공들이 미처 몰랐던 것들을 우연히, 그리고 지혜롭게 발견하는 모습을 보고 이 단어를 만들었다고 한다.

역사 속 우연한 발견은 셀 수 없이 많다. 플레밍의 페니실린 발견이 그랬고, 3M의 포스트잇 발명이 그랬다. 또한 다이너마이트, 만유인력의 법칙 등 실패와 뜻밖의 발견을 통해 수많은 발견과 발명품이 탄생했다. 그런데 한 가지 의문이 든다. 누구에게나 세렌디피티가 일어날 수 있는 걸까? 정확히 말하면 우연한 발견은 누구나 할 수 있지만 그것을 위대한 발견으로 만드는 일은 누구나 할 수 없다. 자신이 발견한 것의 창조적인 가능성을 볼 수 있어야 위대한 발견으로 이어 갈 수 있기 때문이다.

다시 기업의 사례를 들어 보자. 뜻밖의 발견을 통해 성공한 기업들은 대체로 두 가지 특징을 지닌다. 첫째, 직원들이 업무 이외의 관심

분야에 활동할 수 있는 자율성과 여유를 제공한다. 고어텍스Gore-Tex
로 잘 알려진 고어는 직원들이 업무 시간의 10퍼센트를 자유롭게 활
용할 수 있도록 '장난 시간'Dabble Time을 운영한다. 이 시간에 합성수지
를 잡아당기는 실험을 하다가 물 대신 공기만 통과시키는 섬유를 발견
했고, 음색을 세 배나 유지하는 기타 줄을 개발해 제품 개발에 성공했
다. 다양한 시도와 실패의 가치를 공식적으로 인정하는 장난 시간 덕
분에 생각지도 못했던 신사업이 다수 탄생한 것이다. 앞서 사례로 든
구글의 20퍼센트 타임제와 3M의 15퍼센트 룰도 비슷한 경우다.

둘째, 직원들 간 우연한 소통이 발생할 수 있는 개방된 공간을 마
련해 사람들이 자연스럽게 모이고 소통할 수 있는 다양한 아이템을
제공한다. 픽사는 회의실, 식당, 카페 등 편의 시설을 중앙 홀에 배치
해 직원들 간 우연한 소통이 가능하도록 만들었고, 구글은 신사옥에
임직원들이 2분 30초 이내에 다른 사람들에게 다가갈 수 있는 공간
을 설계했다. 온라인 쇼핑몰 자포스Zappos는 1층 로비를 벽과 기둥 없
이 넓게 만들어 직원들이 자유롭게 공동 작업을 할 수 있도록 만들었
다. 그리고 애플은 직원들이 다양한 부서로 이동이 가능하도록 원형
형태의 신사옥을 추진하고 있다. 결국 구성원들의 소통과 협업은 물
리적 공간과 밀접한 관계가 있음을 보여 주는 사례들이다.

마지막으로, 세렌디피티를 성공으로 이끌기 위해서는 끊임없는 시
도와 실행이 있어야 한다. 위대한 발견을 해낸 사람들은 무수한 시도
와 시행 끝에 행운을 만났다. 피카소는 다양한 분야에서 10만 점 이

상의 작품을 냈고, 에디슨은 백열전구를 만들기 위해 2,399번 실패를 거듭했다. 바흐는 무려 1,080곡을 작곡했고 프로이트는 650편의 논문을 써냈다. 무려 7억 회의 다운로드를 기록하며 역대 최고의 판매를 기록한 앵그리버드는 로비오Rovio에서 8년 동안 52회의 도전 끝에 만들어 낸 게임이다. 파생게임과 캐릭터 상품 판매만 해도 어마어마한 규모일 것임은 말할 필요도 없다.

어쩌면 무수한 시도와 시행 끝에 행운을 만나는 것은 필연이 아닐까. 페이스북의 창업자 마크 저커버그Mark Zuckerberg와 구글의 창업자 세르게이 브린Sergey Brin은 이렇게 말한다. "우리가 성공할 수 있었던 첫 번째 요인은 바로 행운이었다."

○ 아이디어가 맘껏
● 돌아다니게 하라

어떻게 하면 창의적인 연결 고리를 찾아내고 이것을 성공으로 이끌 수 있을까?

첫째, 자신이 고민하고 있는 문제에 대해 다양한 해결책을 시도하라. 고민하는 만큼 다른 영역에 있던 힌트가 보인다. 쉽게 적용해 볼 수 있는 방법으로 연상 기법이 있다. 먼저 고민의 주제와 전혀 다른 일반적인 단어를 고른 뒤 그 단어와 연관된 단어들을 나열한다. 그리고 자신이 고민하는 주제와 연결시켜 해결책을 찾아본다. 평소 이렇게 문제를 해결하는 습관을 들이면 창의적인 연결을 쉽게 할 수 있다. 사실 우리의 머릿속에는 무한한 아이디어와 기억들이 있다. 의식의 바깥에 있는 이 아이디어들은 인접 가능성이라는 문을 열어 주면 새로운 방으로 나간다. 아주 단순한 문제부터 이 연상 기법을 활용해 새로운 연결 고리를 찾아보는 습관을 들이도록 하자.

둘째, 현재 자신의 일과 전혀 상관없는 경험과 지식을 넓혀 나가라. 혁신을 부르는 창의적 연결은 지금 하고 있는 일과 전혀 상관없는 분야에 연결돼 얻어지는 경우가 많다. 따라서 다채로운 경험과 지식을 넓히는 것은 창의적 연결자로서 필수 조건이라고 할 수 있다. 많은 위대한 인물들의 공통점은 여러 분야에 관심이 많았다는 것이다.

다윈은 진화론을 주장한 생물학자였을 뿐 아니라 박물학자, 철학자이기도 했다. 한때는 의학을 공부했으며 신부가 되기 위해 신학, 고전, 수학을 배우기도 했다. 또한 지질학에도 관심이 많았던 그는 산호초를 연구하고 비둘기를 기르기도 했다. 미국의 정치가이자 과학자인 벤저민 프랭클린 역시 난로를 개발하고 피뢰침을 만들었지만 인쇄업자이기도 했다. 이렇듯 다양한 분야에 대한 관심과 경험은 연결을 통한 창의적 사고에 결정적인 역할을 한다.

셋째, 자신만의 다양한 네트워크를 갖고 관리하라. 스탠퍼드대학교의 마틴 루프Martin Ruef 교수에 따르면 다양한 네트워크를 보유한 사람이 비즈니스에서 더 혁신적이라고 한다. 그는 기업가 766명을 인터뷰

한 결과 넓은 사회적 네트워크를 갖고 다양한 사람들과 꾸준한 관계를 유지한 사람들이 획일적이고 수직적인 네트워크를 가진 사람들보다 신제품 출시와 특허 출원 수 등에서 세 배나 높은 성과를 냈다는 사실을 발견했다. 집단지성의 시대에 혼자서 다양한 경험과 지식을 갖추는 것은 불가능하다. 결국 다양한 네트워크를 관리하고 활용할 줄 알아야 한다.

3 질문

**새로운 생각으로 이끄는
질문을 만들어라**

QUESTIONER

우리나라는 세계에서 둘째가라면 서러울 정도로 교육열이 높은 나라다. 그런데 우리 못지않게 이스라엘도 만만치 않은 교육열을 자랑한다. 하지만 교육열이 똑같이 높다고 해도 그 결과는 엄청난 차이를 보인다. 유대인이라고 불리는 이스라엘 민족은 세계 인구의 0.25퍼센트밖에 되지 않는다. 그럼에도 불구하고 노벨상 수상자의 30퍼센트 이상을 차지하고 《포춘》Fortune 선정 100대 기업의 CEO 중 30퍼센트가 유대인이다.

이뿐만이 아니다. 미국 100대 부자 중 약 20퍼센트가 유대인이며 마이크로소프트의 빌 게이츠, 스타벅스의 하워드 슐츠Howard Schultz, 페이스북의 마크 저커버그, 구글의 세르게이 브린도 유대인이다. 미국을 움직이는 3대 신문 운영자 모두 유대인이며 할리우드 6대 메이저 기업이 모두 유대인의 혈통을 이어받았다.

이처럼 유대인은 세계 경제를 좌지우지하는 거부들이고 정치계의 거물들일 뿐 아니라 금융, 법률, 의료, 언론 등 지식 산업에서도 세계 강자로 군림하고 있다. 그런데 대한민국의 상황은 어떤가? 굳이 비교하면 초라할 뿐이다. 왜 이런 결과가 나온 걸까? 그 차이는 교육 방법에서 비롯된다. 지금의 유대인을 있게 한 창의적인 교육법, 그 중심에는 '질문'이 있다.

1944년 노벨 물리학상을 수상한 미국 컬럼비아대학교의 이지도어 아이작 라비Isidor Isaac Rabi 교수는 수상 소감을 묻자 다음과 같이 간결하게 답했다. "내가 물리학자로 성공한 이유는 학교에서 돌아올 때마다 현관 앞에 나와 '아이작, 오늘은 무슨 유익한 질문을 했니?'라고 물어보고 내 이야기를 열심히 들어 주던 어머니 덕분이었다."

우리는 어떤가? 아마 대부분의 엄마들은 집에 돌아온 아이에게 이렇게 질문할 것이다. "오늘 학교에서 무엇을 배웠니?" 사소해 보이는 질문 하나가 사고의 확장을 돕고 창의적 사고의 습관을 갖게 한다. 이 장에서는 이런 질문과 창의적 사고의 메커니즘에 대해 알아볼 것이다.

○ '무엇'을 묻지 말고
● '왜'와 '어떻게'를 묻자

창조적 사고의 메커니즘이란 무엇일까? 왜 아이작 라비는 수상 소감에서 어머니의 이야기를 한 것일까? 어찌 보면 간단하다. 그는 창의적 사고를 할 수 있는 환경에서 자라났고, 그 환경을 제공한 것은 어머니였다. 사실 라비는 어머니의 질문에 매우 당황했다고 한다. 학교에서 배운 것도 모르겠는데 갑자기 무엇을 질문했냐고 물으니 그럴 만도 하다. 그래서 처음에는 칭찬을 받고 싶어 거짓말을 했다. 하지만 그 사실을 알고도 어머니는 칭찬을 해주시면서 매일 학교에서 돌아온 아들에게 똑같은 질문을 했다. 라비는 더 이상 거짓말을 할 수 없게 되자 자연스럽게 질문하는 습관이 몸에 뱄다고 한다.

우리가 하는 모든 생각과 행위는 우리의 뇌를 자극한다. 창의적인 질문은 뇌의 전두엽이라는 곳을 자극하는데 이곳은 창의적 사고와 밀접한 관계가 있는 부위다. 뇌과학자들은 연구를 통해 상상력은 전전두엽과 관계가 있고 25세에 완전히 성장해서 27세부터 감소한다는 결과를 발표했다. 하지만 지속적인 재생을 하기 때문에 꾸준한 두뇌 훈련이 중요하다고 한다. 이렇게 보면 라비의 어머니는 아들이 창의적 생각을 할 수 있도록 어렸을 때부터 꾸준히 두뇌 훈련을 시켰던 셈이다.

그렇다면 질문이라는 것은 무엇일까? 학자들은 창의적 사고와 관련된 질문을 크게 두 가지로 구분한다. 하나는 '왜' Why라는 질문이고, 다른 하나는 '어떻게' How라는 질문이다. 이 두 가지 질문을 반복적으로 하면서 일어나는 현상이 창조적 사고 메커니즘의 아주 핵심적인 부분이 된다. '왜'라는 질문은 목적이 무엇인지 물어보는 기능을 한다. 근본적인 원인이 무엇인지 질문하는 것이다. 그리고 '어떻게'라는 질문은 해결책을 찾는 질문이다. 이 두 가지 질문의 반복은 사고를 확장시키고 점점 창의적인 생각을 할 수 있도록 이끌어 준다.

그와 반대로 '학교에서 무엇을 배웠니?'라는 질문은 '무엇' What을 물어보는 질문이다. 풀어 보면 이것은 '너보다 훌륭한 사람들인 선생님은 어떻게 생각하고 계시니? 선생님이 하신 말씀을 잘 기억하고 있니?'라는 의미를 지니고 있다. 선생님의 생각을 그대로 반복하게 하는 수동적인 사고를 요구한 셈이다.

'무엇'은 '왜'나 '어떻게'와는 달리 뇌의 뒷부분을 자극하는데 이곳에는 대부분의 시각 정보를 처리하는 후두엽, 외부로부터 들어오는 정보를 처리하고 조합하는 두정엽, 운동신경을 관장하는 소뇌가 있다. 단지 기억을 하거나 정보를 처리하는 일, 무의식적인 반응을 담당하는 일 등 수동적 사고와 관련된 일을 하는 곳이다.

많은 창의적 사고의 출발은 질문하는 습관을 갖는 것이다. 라비의 어머니는 그 메커니즘을 잘 알고 있었다. 이에 비해 우리의 교육 현실을 들여다보면 한숨만 나온다. 질문은커녕 주입식 교육, 암기를 통한 평가, 결과를 중시하는 수업 방식은 우리 아이들의 뒤쪽 뇌만 자극시켜 창의력을 잃게 한다. 지금도 늦지 않았다. '왜', '어떻게'라고 질문하는 것을 습관화해 보자. 조금은 더 창의적인 사람으로 나아갈 수 있을 것이다.

○ 업스트림 사고 vs.
● 다운스트림 사고

그렇다면 우리를 좀 더 창의적으로 만드는 질문은 무엇일까? 광운대 이홍 교수는 업스트림upstream 사고와 다운스트림downstream 사고를 설명하면서 '왜'라는 질문을 강조한다. 창조적 세계로 가기 위해서는 다운스트림의 '어떻게'가 아니라 '왜'를 묻는 업스트림 사고를 해야 한다는 것이다. 이 두 가지 사고의 차이점은 무엇일까? 바로 근본적인 질문이냐 아니냐의 차이다. 업스트림 사고는 '왜 해야 하는지' 근원적인 질문을 하는 것이고, 다운스트림 사고는 '어떻게 해야 하는지' 방법에 대한 질문을 하는 것이다.

2003년 안방극장을 뜨겁게 달구면서 한류의 대표적인 드라마가 됐던 《대장금》을 기억하는가? 주인공 대장금이 궁에 들어가 한창 요리를 배울 때였다. 그의 스승이었던 한 상궁은 어느 날 대장금에게 물을 떠오라고 지시한다. 그러자 장금이는 물을 떠서 정성스럽게 가져 왔지만 한 상궁은 다시 떠오라고 한다. 다시 물을 떠서 갔지만 또 다시 떠오라는 지시만 받았다. 그렇게 물만 떠오다 하루가 지났고, 다음 날에도 한 상궁은 장금이에게 물을 떠오라고 지시했다. 묵묵히 지시에 따라 물만 떠오던 장금이는 이틀 동안 아무런 이유 없이 물을 떠왔다. 하지만 아무리 정성을 담아 물을 떠와도 돌아오는 것은 다시 떠오라는 지시뿐이었다.

장금이는 더 이상 참을 수가 없었다. 그리고 한 상궁에게 질문했다. "혹시 제가 잘못한 점이 무엇입니까? 왜 자꾸만 물을 다시 떠오라고 하시는 겁니까? 잘못한 게 있으면 고칠 터이니 제발 말씀을 해주십시오." 그러나 한 상궁은 이렇게 말할 뿐이었다. "이미 해답은 네가 알고 있다."

자신의 부족함에 실망한 장금이는 다시 물을 뜨러 나가다가 문득 깨달음을 얻었다. 그리고 한 상궁에게 질문했다. "마마님, 혹시 어제 배앓이를 하지 않으셨는지요? 몸에 열은 없으신지요? 변은 잘 보셨는지요? 목은 아프시지 않으신지요?" 그러자 한 상궁은 환한 미소를 지으며 이렇게 말했다. "그래, 내가 너에게 듣고 싶은 말은 바로 그것이었다. 내가 물을 떠오라고 했을 때 너는 이유를 묻지 않았다. 물을 떠오는 목적에 대해 알아야 한다. 한갓 물도 그릇에 담으면 음식이 되는 것이다."

이렇게 '왜'라는 질문은 중요하다. 업스트림 사고를 위한 '왜'는 문제를 만들고 그것을 해결하는 과정에서 창의적 사고를 촉진시킨다. '왜'라는 근원적 질문을 통해 성공한 기업의 사례들도 많다. 대표적인 기업이 다이슨Dyson이다. 영국의 가장 창의적인 기업이라고 칭송받는 다이슨은 '우리는 무엇을 하는 회사인가?'라는 근원적인 질문으로 혁신을 만들어 냈다. 이들의 첫 번째 혁신 상품은 100년 동안 아무런 의심 없이 먼지봉투를 달고 있던 청소기에서 먼지봉투를 떼어 내면서부터 시작됐다. '왜 청소기에는 먼지봉투가 있어야 할까?'라는 질문을 했던 것이다.

대부분의 사람들은 청소기의 이물질이 밖으로 배출되지 않도록 먼지봉투가 있는 게 당연하다고 생각한다. 하지만 다이슨은 먼지봉투가 흡입력을 약화시키는 것을 보고 세계 최초로 먼지봉투 없는 청소기를 만들어 냈다. 그리고 청소기에서 어떤 오염물질도 발생하지 않도록 청소기 내부의 흡입력을 강화시켜 깨끗한 공기를 배출하는 청소기를 발명했다.

두 번째로 꼽히는 다이슨의 혁신 상품은 날개 없는 선풍기다. 이들은 또다시 근원적인 질문을 했다. '왜 선풍기에는 날개가 있어야 할까?' 그래서 화장실에서 바람으로 손을 말리는 핸드드라이어에서 착안해 '에어멀티플라이어'라는 날개 없는 선풍기를 만들어 냈다.

다이슨은 어떻게 하면 잘 만들지를 고민하지 않았다. 왜 그렇게 만들어야 하는지를 고민한 것이다. 현재 다이슨이 만들고 있는 무선청소기, 날개 없는 선풍기, 공기청정기, 가습기 등은 세계에서 가장 인기 있는 가전제품이다. 그리고 이들의 근원적 질문을 통한 혁신은 지금도 계속되고 있다.

다이슨에서 발명한 날개 없는 선풍기. 근원적 질문을 통해 세상에 없던 새로운 제품을 만들었다.

○ 창의적 사고의 첫걸음,
● '5 Why'

　문제 하나를 풀어 보자. 음악의 아버지라고 불리는 작곡가는 누구인가? 정답은 바흐다. 그러면 음악의 어머니는? 당연히 헨델이라고 할 것이다. 모르는 사람이 없을 정도로 당연하다고 생각하지만 한 가지 질문을 더 하면 대부분의 사람들은 갑자기 말문이 막혀 버린다. 바로 '왜?'라는 질문이다. 왜 음악의 아버지가 바흐고 음악의 어머니가 헨델이라고 알려진 걸까? 심지어 헨델이 여자라서 음악의 어머니라고 불리는 게 아니냐고 반문하는 사람들도 있다. 정답과 암기에 익숙한

다이슨은 어떻게 하면
잘 만들지를 고민하지 않았다.

왜 그렇게 만들어야 하는지를 고민했다.

우리에겐 그냥 당연하고 질문할 필요가 없는 내용인 것이다. 여기서는 '왜'라고 질문하는 것이 왜 중요한지, 그리고 이 질문을 어떻게 활용해야 하는지에 대해 알아보고자 한다.

다국적기업들 중 창의성을 가장 먼저 강조한 곳은 일본의 토요타다. 1938년 창업 이래 창조와 품질을 모토로 창의적 사고를 강조해온 토요타가 창의적 솔루션을 찾기 위해 사용한 전략은 바로 '5 Why' 기법이다. 어떤 일이든 다섯 번은 고민해야 한다는 뜻이다.

예를 들어 만일 생산라인의 기계가 갑자기 멈췄다면 그 원인을 찾을 것이다. 이를 5 Why 기법에 적용하면 첫째, 기계가 멈춘 원인은 전력 과부하로 전원 퓨즈가 끊어졌기 때문이다. 이 경우 단지 전원 퓨즈만 교체하면 문제가 해결된다. 하지만 토요타 직원들은 두 번째 질문을 한다. 왜 전력 과부하가 발생했을까? 원인을 찾아보니 기계 작동을 담당하는 축의 베어링이 뻑뻑해졌기 때문이다. 이 경우에도 베어링만 교체하면 문제가 해결될 듯하다. 하지만 여기서 그치지 않고 세 번째 질문이 등장한다. 왜 베어링이 뻑뻑해졌을까? 이렇게 네 번째, 다섯 번째 질문을 던지면서 사실은 윤활유 펌프에 문제가 있었다는 걸 알아낸다. 먼지집진 장치와 나란히 배치돼 윤활유 펌프에 먼지가 많이 쌓였던 것이다. 단순히 퓨즈만 교체했다면 계속 고장이 발생할 수 있었던 문제를 5 Why 기법을 통해 근원적인 문제를 해결하고 시간과 예산을 절감했다.

또 다른 적용 사례를 살펴보자. 미국 워싱턴에 위치한 토머스제퍼슨 기념관의 대리석이 심하게 부식되는 일이 발생했다. 기념관을 방문한 사람들은 관리 부실로 인한 훼손이라고 민원을 제기했고 기념관의 이미지는 날로 악화됐다. 기념관장은 고민 끝에 대리석 보수 작업에 많은 시간과 비용이 소모되는 것을 막고자 '왜'라는 질문을 계속 던짐으로써 문제를 해결했다.

첫 번째 질문은 '왜 대리석들이 저렇게 빨리 부식되는 걸까?'였다. 이유는 간단했다. 대리석을 자주 세제를 사용해서 씻기 때문이었다. 그는 계속해서 질문을 던졌다. '그렇다면 왜 세제로 대리석을 닦는 걸까?' 답은 기념관에 비둘기가 많아서 배설물이 많기 때문이었다. '왜 비둘기가 많은 걸까?' 기념관에 비둘기의 먹잇감인 거미가 많기 때문이었다. '왜 기념관에 거미가 많을까?' 이유는 해가 지기 전 주변보다 전등을 먼저 켜서 거미 먹이인 나방이 불빛을 보고 많이 몰려들기 때문이었다. '왜 해가 지기 전에 전등을 주변보다 먼저 켜는 걸까?' 이유는 기념관 직원들이 일찍 퇴근하기 때문이었다. 결국 토머스제퍼슨 기념관은 불을 켜는 직원들의 퇴근 시간을 늦춤으로써 대리석의 부식 현상을 방지할 수 있었다.

이렇듯 '왜'라는 질문은 피상적인 원인을 넘어 근원적 문제를 발견하고 해결 방법을 도출하도록 돕는다. 그렇다면 이 5 Why 기법을 효율적으로 활용하는 방법은 무엇일까?

첫째, 통제가 가능한 것들만 대답해야 한다. 무조건 '왜'만 외친다고 해서 문제가 해결되지는 않는다. 우리가 현재 시점에서 해결할 수 있는 답변을 해야만 의미가 있다. 예를 들어 '왜 나는 키가 작은 것일 까?'라는 질문은 더 키가 클 가능성이 없는 성인의 경우 의미가 없는 질문이다.

둘째, 근거가 있고 검증이 가능한 사실만을 대답해야 한다. '직원 들은 왜 회사에 불만이 많은 것일까?'라는 질문에 '직원들의 마음가 짐과 태도가 좋지 않기 때문이다.'라고 답한다면 적절하지 못한 답변 이다. '동종 업계의 급여 수준이 우리 회사보다 10퍼센트 높고 출퇴근 시간이 자유롭기 때문이다.'라는 구체적인 수치와 근거를 명확히 제시 할 수 있는 답변을 해야 한다.

셋째, 더 이상 '왜'라고 질문할 수 없을 때까지 대답해야 한다. 계 속해서 '왜'라는 질문을 통해 문제의 근본에 다다르면 더 이상 질문을 할 수 없게 된다. 이것이 우리가 찾던 문제 해결의 핵심이 되는 근원 이다.

위의 세 가지 규칙을 준수하면서 5 Why 기법을 활용한다면 단순한 방법 제시가 아닌 창의적 사고를 통한 문제 해결이 가능해질 것이다.

창의적 인재가 되기 위한 질문의 공식

첫째, 괴짜처럼 생각하고 질문하라. '괴짜' 하면 무엇이 떠오르는가? 별난 사람? 천재?《괴짜 경제학》의 저자 스티븐 래빗Steven Levitt은 괴짜에 대해 이렇게 정의한다. 괴짜란 기이한 행동을 하는 이상한 사람이 아니라 당연한 상식이라고 생각하는 것을 뒤집는 사람들이다.

뉴욕의 젊은 아티스트 저스틴 지냑Justine Gignac은 길에 버려진 쓰레기를 모아 투명 아크릴 상자에 담고 이를 '뉴욕의 쓰레기 기념품'Garbage of New York City이라는 상품으로 만들어 50달러에 판매한 괴짜다. 그는 쓰레기는 더럽고 버려야 한다는 기존의 고정관념을 뒤집는 질문을 던졌던 것이다. 대체 어떤 사람이 버려진 쓰레기를 돈 주고 사겠느냐 싶겠지만 이 '상품'은 전 세계로 날개 돋친 듯 팔려 나갔고 급기야 품절 사태까지 벌어졌다. 말 그대로 현대판 봉이 김선달이라고 부를 수 있겠다. 나중에는 오바마 대통령 취임식이나 뉴욕 양키스 퍼레이드 등 특별한 날을 기념하기 위한 리미티드 에디션까지 만들어 100달러에

뉴욕의 쓰레기 기념품. 하단의 '길거리에서 주운 100퍼센트 뉴욕산 쓰레기입니다'(100% Authentic HAND-PICKED from the fertile streets of NY, NY)라는 문구가 재미있다. 오른쪽은 오바마 대통령 취임식을 기념하며 만든 리미티드 에디션. 사진출처: NYC Garbage 홈페이지.

팔았다고 하니 우리의 상식으로는 어처구니가 없을 뿐이다.

일본의 대학생 고바야시는 '핫도그 많이 먹기'의 세계 챔피언 타이틀을 갖고 있는 괴짜다. 놀랍게도 그의 체구는 작고 날씬하다. 그는 대회 참가 전에 사람들이 핫도그 먹는 영상을 보면서 한 가지 질문을 던졌다. '어떻게 하면 핫도그를 많이 먹을 수 있을까?'가 아니라 '어떻게 하면 핫도그를 쉽게 먹을 수 있을까?'라고 질문한 것이다. 그러자 해결법이 달라졌다. 그는 온갖 실험을 통해 핫도그를 쉽게 먹을 방법을 찾아냈다. 바로 핫도그와 빵을 분리한 후 한 손으로는 먹기 쉬운 소시지를 먼저 집어 먹은 후 다른 손으로 빵을 물에 적셔 먹는 것이다. 그는 기존 기록의 두 배가 넘는 신기록을 세우며 세계 챔피언이 됐다. 이렇듯 남들과 다른 괴짜 같은 질문은 의외의 해결책을 가져온다.

둘째, 자신이 모른다는 것을 과감히 인정하고 그것에 대해 질문하는 습관을 갖자. 자신이 모른다는 것을 안다는 건 수많은 의심과 질문을 한 후에야 가능하다. 2,500년 전 아테네에서 가장 현명하다고 추앙받던 소크라테스는 왜 가장 현명한 사람이었을까? 그 이유는 이 세상 모든 사람들이 자신이 모른다는 사실을 모르고 있는데, 소크라테스는 자신이 모르고 있다는 사실을 알고 있었기 때문이다.

우리는 자신이 모르고 있다는 것을 모르기 때문에 배우려 하지 않는다. 자신이 모른다는 사실을 알면 배우려 할 것이고, 배우는 유일한 방법은 질문하는 것이다. 그런데 우리는 언제부터인가 모르는 것을 발견할 때마다 질문을 하지 않는다. 어쩌면 모른다는 것을 알면서도 인정하고 싶지 않은 것일지 모른다. 먼저 우리의 무지를 인정하자. 그런 다음 자신과 타인에게 주저 말고 질문하라. 용기 있는 자만이 창의적인 인재가 될 수 있다.

셋째, 전문가의 말도 끊임없이 의심하라. 우리는 전문가들이 내놓는 의견은 아무런 의심 없이 받아들이는 경향이 있다. 심리학자들은 이를 대표성 휴리스틱representativeness heuristic이라고 부른다. 대표성을 지닌 전문가의 말은 의심 없이 받아들이는 오류를 말하는 것이다.

대표적인 사례가 개구리 실험과 매의 이야기다. 변화관리 강의에 단골처럼 등장하는 개구리 실험 이야기를 많이 들어 보았을 것이다. 팔팔 끓는 물에 개구리를 넣으면 물이 뜨겁다는 것을 인지해 뛰쳐나오지만 개구리를 먼저 넣고 물을 서서히 끓이면 온도 변화를 감지하지 못해 죽는다는 내용이다. 우리는 이 실험에 대해 한 치의 의심도 없이 받아들였고 그렇게 알고 있었다. 하지만 이 실험의 결과는 사실과 다르다고 한다. 물을 서서히 끓여도 적정 온도가 되면 개구리가 뜨거움을 감지하고 물에서 뛰쳐나온다는 것이다. 실제 실험한 사례도 있다니 황당할 뿐이다.

매의 사례도 마찬가지다. 매는 생후 40년이 지나면 발톱과 부리가 무뎌지고 가슴에 털이 많아져 잘 날지도, 먹이를 잡지도 못해서 죽는다고 한다. 그런데 살기 위해 부리와 발톱을 바위에 갈고 가슴의 털을 뽑아내는 변화를 시도한 매들은 향후 40년을 더 산다고 한다. 그렇지만 사실로 알고 있던 이 이야기도 거짓으로 판명됐다. 그것도 몇 년 전한 동물학자가 신문에 기사로 발표했다. 이렇듯 우리가 사실이라고 알고 있는 것도 실제로는 그렇지 않은 경우가 너무도 많다는 점을 늘 주지해야 한다.

창조적 모방

- 자신만의 롤모델을 만들고
, 철저히 모방하라

I M O V A T O R

"내가 한 일의 대부분은 남이 한 일을 모방한 것이었다."

세계적인 소매업체 월마트의 창업자 샘 월튼Samuel Walton이 자서전에서 한 말이다. 많은 비즈니스스쿨 수업에서 모범 사례로 등장했던 혁신 기업의 창업가가 한 말로 보기엔 다소 어울리지 않는다. 하지만 《카피캣》의 저자 오데드 센카Oded Shenkar는 월마트가 최고의 '창조적 모방가'라고 말한다.

실제로 월마트는 브라질의 한 업체를 모방해 백화점과 슈퍼마켓을 결합한 하이퍼마켓을 오픈했다. 월튼은 녹음기를 들고 경쟁 할인마트의 최고경영자를 만나 배우는 데 주저하지 않았다. 그리고 그들의 노하우를 그대로 월마트에 적용했다.

하지만 월마트가 단순히 베끼기로 성공한 것은 아니다. 최고의 혁신기업이라고 불리는 삼성전자, 월마트, 알리바바, 텐센트Tencent, 샤오미Xiaomi의 공통점은 무엇일까? 바로 모방에 능하다는 것이다. 그리고 단순한 모방을 넘어 점진적 혁신을 추구했고 그 결과 다른 기업과는 차별화된 고유한 경쟁력을 갖추게 됐다. 그들은 창조적 모방가였던 것이다.

모방가imitator와 혁신가innovator의 합성어인 창조적 모방가imovator는 오늘날 점진적 혁신의 대명사로 떠오르고 있다. 오스트리아 경제학자 조지프 슘페터의 '창조적 파괴'나 하버드 경영대학교 석좌교수인 클레이튼 크리스텐슨Clayton Christensen의 '파괴적 혁신' disruptive innovation 같은 급진적 혁신은 더 이상 기업에서 찾아보기 힘들다. 모방을 통해 혁신을 이뤄 내는 기업이 점점 더 많아지고 있고 이들의 성공은 또 다른 창조적 모방을 확산시키고 있다.

그렇다면 창조적 모방가의 특징은 무엇일까? 그들은 어떤 전략으로 최고의 혁신가가 될 수 있었을까? 그들은 최고를 찾아 철저히 모방했다. 그리고 남들과 차별화된 의외의 것을 모방했으며, 자신의 장점과 결합해 또 다른 혁신을 만들어 냈다.

진정한 고수는 남의 것을 베끼고 하수는 자기 것을 쥐어짠다

'베끼고, 훔치고, 창조하라!' 얼마 전 출간된 책의 제목이다. 이 책에서는 모방에서 창조를 이뤄 낸 다양한 사례를 다루면서 모방가들을 예찬하고 있다. 모방이 가장 탁월한 창조의 전략이라고 하면서 진정한 고수는 남의 것을 베끼고 하수는 자기의 것을 쥐어짠다고 한다. 그 결과 고수는 창조적인 결과물을 만들어 내고 하수는 씁쓸한 패배감을 맛본다. 계속해서 모방하다 보면 창조의 한 방이 나온다는 것이다. 그렇다면 세상을 바꾼 모방가들은 어떤 사람들이었을까?

르네상스 시대를 대표하는 천재 예술가 하면 미켈란젤로와 레오나르도 다빈치를 꼽는 데 주저하는 사람은 없다. 뛰어난 재능을 바탕으로 독창적인 작품을 남겼기 때문이다. 그런데 이들과 함께 르네상스 미술의 3대 거장으로 거론되는 화가가 있으니 바로 라파엘로다. 그는 오늘날 사람들이 생각하는 천재 예술가와는 좀 거리가 있는 유형의 천재였다.

당시 레오나르도 다빈치는 미술의 영역에 머무르지 않고 조각, 건축, 토목, 수학, 과학, 음악에 이르기까지 다양한 방면에 재능을 보인 천재였다. 미켈란젤로 역시 조각가이자 건축가로 회화, 조각, 건축에 뛰어난 업적을 남긴 천재 예술가로 칭송을 받았다. 하지만 이들과 달리 라파엘로의 업적은 단지 회화 분야에 한정돼 있다.

그는 전형적인 창조적 모방가였다. 당시 최고였던 레오나르도 다 빈치와 미켈란젤로를 모방하기 위해 피렌체로 가서 4년이란 시간 동안 그들의 화풍을 연구했다. 미켈란젤로의 작품에서는 인체해부학에 대한 지식을 배웠고 다빈치에게서는 간결한 피라미드 구조와 효과적인 빛의 사용, 친밀감, 부드러운 색조 변화로 입체감을 주는 스푸마토 sfumato 기법을 익혔다. 그 결과 라파엘로는 호소력 짙은 고요하고 평온한 그만의 작품을 그려 내 르네상스 미술을 완성시킨 화가로 평가받았다. 한마디로 두 천재 화가의 구도와 기법을 따라 한 모방형 천재 화가였던 것이다.

미국 최대의 유통업체 월마트의 사례도 이와 비슷하다. 1962년 아칸소의 조그만 도시에 설립된 월튼의 할인마트는 후발 주자에 불과했다. 그러나 그는 세계적인 할인마트를 벤치마킹하기 위해 세계 곳곳의 할인점을 찾아 최고경영자를 만나고 그들의 노하우를 배우는 데 주저하지 않았다. 특히 월마트의 브랜드 중 하이퍼마트는 당시 세계 최고의 글로벌 유통업체로 군림하던 까르푸를 모방해서 만든 것이다. 까르푸는 할인 매장, 백화점, 슈퍼마켓을 혼합한 형태의 대형 할인점 즉, 하이퍼마켓hypermarket의 대표 주자로 1963년 파리 근교에서 시작됐다. 하이퍼마켓은 그때만 해도 생소한 개념이었지만 동시에 획기적인 형태로, 까르푸는 세계 최고의 유통업체로 성장했다. 월튼은 이를 간과하지 않았다. 1987년 당시 유럽에서 하이퍼마켓이 성공한 것을 보고 이를 미국으로 들여왔다. 그리고 그의 예측대로 대형 할인매장은 이후 20여 년간 월마트의 성장을 견인한 효자 브랜드가 됐다.

모방 하면 떠오르는 중국의 대표적인 기업이 있다. 바로 '대륙의 실수'라고 불리는 샤오미다. 이들은 2014년 2분기 삼성전자를 누르고 중국 스마트폰 시장에서 1위를 차지했다. 애플은 5위권 밖으로 밀려 체면을 구겼을 정도였다. 많은 한국 기업들이 '짝퉁 애플'이라고 얕잡아 봤던 샤오미가 어떻게 이런 초고속 성장을 이뤄 낼 수 있었을까?

샤오미는 애플의 모방가였다. 회사는 중국의 애플로 불리고 수장 레이쥔雷軍 회장은 중국의 스티브 잡스로 불릴 정도다. 레이쥔 회장은 잡스의 경영 스타일을 철저하게 연구한 전문가로 알려져 있다. 특히 신제품 소개 행사 때마다 직접 등장해 잡스가 하는 방식을 똑같이 따라 하는 것으로 유명하다. 심지어 검은색 청바지와 터틀넥 상의에 프레젠테이션 방식도 똑같다. 청중에게 말하는 방식, 질문을 받는 방식, 걸음걸이까지 모방한 것이다. 한마디로 세계 최고의 회사와 최고의 경영자를 그대로 모방한 최고의 모방가였다.

샤오미의 스마트폰 역시 애플의 아이폰을 그대로 모방했다. 오죽하면 첫 스마트폰 출시 후 '짝퉁 애플'이라는 비난을 받았을까? 하지만 레이쥔은 개의치 않았다고 한다. 그리고 샤오미가 애플의 '창조적 모방'이라고 자신 있게 대답했다. 그는 중국중앙방송CCTV과의 인터뷰에서 "샤오미가 아이폰을 베낀 것이 아니냐?"라는 질문에 "샤오미는 전복형 이노베이션의 결과"라고 주장했다. 즉, 타인의 생각과 관점을 긍정적으로 전복했다는 것이다.

그렇다면 라파엘로나 샘 월튼, 레이쥔은 단순히 모방만으로 최고의 자리에 오를 수 있었을까? 그렇지 않다. 단순히 베끼기만 했으면 영원히 2등에 머물렀을 것이다. 그들은 모방과 동시에 이를 효과적으로 활용해 혁신을 만들어 냈다. 라파엘로는 회화 분야에 집중해 자신의 예술을 차별화했고 월튼은 바코드 기술과 데이터 분석을 통해 물류 혁명을 만들어 냈다. 샤오미는 그들이 보유한 소프트웨어와 모바일 인터넷 기술을 접목해 가장 가성비 높은 스마트폰을 만들어 냈다. 최고를 모방해 최고가 된 이들의 전략을 주목해 볼 만하다.

고양이를 보고
사자를 그려 내는 법

누구나 쉽게 모방할 수 있는 대상은 전략적으로 효과가 떨어진다. 경쟁자들이 서로 모방하겠다고 나서기 때문이다. 최고를 모방해서 성공한 샤오미의 제품들은 벌써부터 짝퉁 샤오미로 몸살을 앓고 있다고 한다. 남들이 미처 생각하지 못한 대상, 다시 말해 '뜻밖의 용의자'를 찾아내 모방해야 효과를 극대화할 수 있다. 이를 위해 자신이 현재 속한 산업과 전혀 다른 영역에서 모방 대상을 찾아낼 필요가 있다.

중국 내 남들과 차별화된 모방 전략으로 성공한 기업이 있다. 바로 소셜 미디어와 게임을 주 사업으로 하는 중국 최대의 인터넷 기업

텐센트다. 2014년 매출 기준 전 세계 1위의 게임회사로 떠올라 글로벌 시장에서 구글, 아마존에 이어 세계 3위의 인터넷 기업으로 급부상했다. 텐센트는 1998년 선전대학교 컴퓨터공학과 동기인 마화텅馬化騰과 장즈둥張志東이 설립했다. 이들의 첫 작품은 이스라엘에서 선보인 'ICQ'라는 인기 메신저 서비스를 모방해서 만든 'QQ'라는 서비스였다. 그리고 우리나라 싸이월드의 아바타나 미니홈피 꾸미기 등을 그대로 가져와 유료 아이템 등을 판매하면서 성장했다.

그런데 이들의 모방은 달랐다. 세계 최고 제품이 아닌 중국 시장에 맞춰 재창조가 가능한 아이템들을 모방했던 것이다. 2005년에는 싸이월드와 유사한 'QQ공간'을 출시해 히트를 쳤고 텐센트의 검색엔진 'Soso'는 바이두라는 경쟁 업체와 차별화된 콘텐츠 검색을 서비스했다. 또한 VOD 영상만을 제공하던 타 업체와 달리 생방송 콘텐츠를 제공해 사용자를 늘려 갔다. 그뿐만이 아니었다. 플랫폼 비즈니스를 모방해 QQ메신저를 통한 QQ공간, QQ게임, 웨이보, 음악, 전자상거래 등 24시간 내내 텐센트 서비스만으로 모든 종류의 인터넷 서비스를 즐길 수 있도록 만든 것이다.

현재 텐센트는 인터넷과 관련된 모든 사업에 손대고 있다. 그런데 대부분의 영역이 새롭게 창조한 사업이 아니라 기존의 사업을 모방하고 발전시킨 것들이다. 창의적이거나 혁신적이진 않지만 철저한 시장 분석을 통해 최적의 서비스를 제공하고 발전시켜 눈에 띄는 성과를 거두고 있다. 남들과 다른 창조적 모방이 텐센트의 가장 강력한 무기인 것이다. CEO 마화텅은 이렇게 말한다. "우리의 성공 비결은 고양이를 보고 사자를 그려 낼 수 있는 능력이다."

2014년 12월 우리나라 가구업계는 떠들썩했다. 세계 최대 가구업체인 이케아IKEA가 광명에 매장을 오픈한 것이다. 이날 광명점은 문전성시를 이뤘고 지금도 국내 가구업체들은 마음을 졸이며 가구업계의 판도 변화에 눈을 떼지 못하고 있다. 그런데 이웃 나라 일본에 지난 저성장기 10여 년 동안 무려 623퍼센트라는 고속성장을 한 가구업체가 있어 주목을 받고 있다. 바로 일본의 이케아라고 불리는 니토리다.

니토리의 성공 비결은 무엇일까? 그렇다. 이 기업도 창조적 모방으로 일본 최고의 가구회사가 됐다. 사실 모방의 천재라 불리는 일본 기업은 많다. 토요타는 필요한 양만큼을 생산하는 '적시생산방식'Just In Time, JIT을 1950년 미국의 슈퍼마켓 시스템에서 가져왔다. 적자에 시달리던 닛산자동차를 극적으로 회생시킨 '리바이벌 플랜'도 미국 GE의 식스시그마six sigma를 모방한 것이다.

그렇다면 니토리의 창의적 모방 전략은 무엇이었을까? 바로 다른 업종에서 아이디어를 얻어 발전시킨 것이다. 니토리는 1967년 홋카이도 삿포로에서 창업한 조그만 기업이다. 당시 일본의 가구점은 혼례가구인 장롱 중심이었고 장롱은 1년에 몇 개만 팔아도 이익을 내는 핵심 상품이었다. 니토리도 이와 비슷한 전통 가구업체였다.

그런데 1972년 우연치 않은 변화의 기회가 찾아왔다. 당시 CEO였던 니토리 아키오가 산업 시찰차 미국에 갔는데 그곳 주택단지 쇼룸에서 소파, 침대, 테이블, 의자 등 모든 가구가 네 다리 가구란 사실에 충격을 받았다. 그는 앞으로 일본도 미국처럼 될 것이라고 예감하고 상품 구성을 네 다리 가구 중심으로 바꿨다. 주거 환경이 다른 일본을 고려하면 쉽지 않은 결정이었다. 또한 미국 가구업체들은 가구뿐 아니라 커튼, 카펫 등 여러 생활용품을 다양한 디자인과 색상으로 코디해 놓고 판매한다는 데 착안해서 1985년 HF니토리로 사명을 변경하고 전통 가구점에서 홈 퍼니싱 업체로 변화를 꾀했다.

2000년대에 접어들면서 니토리는 또 다른 창조적 모방을 시도했다. 불황이라는 시대적 상황과 라이프스타일을 결합시켜 '고품질+저가격' 가구를 만든 것이다. 그런데 이 모든 아이디어는 전혀 다른 업종인 유니클로의 비즈니스 모델 SPA(제조소매업)에서 착안했다. SPA 방식은 마케팅과 제조, 유통, 판매를 본사에서 운영하면서 원가를 낮추고 품질을 높이는 시스템이다. 결과는 대 성공이었다.

그 외에도 니토리는 품질관리를 위해 자동차업계의 품질관리법을 모방하는가 하면, 국내 물류는 택배회사나 물류회사 시스템을 모방했고 해외 물류는 종합상사를 모방해 독자적인 물류 효율화를 실현했다. 니토리의 대단한 점은 경쟁 업체가 모방할 수 없는 '차별화된 모방'을 했다는 것이다. 미국 가구업계, 자동차업계, 물류업계, 종합상사 등 다른 분야의 장점만을 모방함으로써 창조적인 혁신을 이뤄 냈다.

원조를 넘어서는 창조적 모방

남자 두 명이 여행을 하고 있었다. 그들이 마을을 떠나 숲속을 지나가려고 할 때 '곰 출현, 위험합니다.'라는 표지판을 보게 됐다. 한 남자는 즉시 땅에 주저앉아 신발 끈을 단단히 매기 시작했다. 그러자 옆에 있던 남자가 빈정거리며 "자네, 곰이 얼마나 빠른 줄 알아? 아무리 뛰어도 곰에게 잡히고 말걸!"라고 말했다. 묵묵히 듣고 있던 남자는 신발을 묶은 뒤 일어나며 그에게 이렇게 말했다. "나도 알아. 어쨌든 너보다 빨리 뛰면 돼!"

이 우화는 창조적 모방이 무엇인지 설명해 준다. 모방을 통해 상대방의 장점을 채용하고 약점을 보완해 경쟁 상대를 이기는 것이다. 마케팅 전문가 마크 얼스Mark Earls는 "최초가 아니라 최고가 되어라."라고 말한 바 있다. 세상에 존재하지 않는 독창적인 아이디어를 내겠다는 생각에 매몰되지 말고 기존의 아이디어를 영리하게 모방하고 발전시키라는 것이다. 영리한 모방은 원조를 넘어서는 진화가 가능하기 때문이다. 그렇다면 영리한 모방을 하기 위해선 어떻게 해야 할까? 무엇보다 모방을 습관화하는 것이 중요하다.

20세기 최고의 천재 미술가 하면 주저 없이 파블로 피카소를 꼽는다. 그런데 그의 천재성이 끊임없는 모방에서 나왔다는 사실을 아는 사람은 많지 않다. 평생 다른 화가들의 그림을 따라 그렸던 그에게 가

세상에 존재하지 않는 독창적인 아이디어를
내겠다는 생각에 매몰되지 말고
기존의 아이디어를
영리하게 모방하고 발전시켜라.

영리한 모방은 원조를 넘어서는
진화를 가능케 한다.

장 큰 영감을 준 그림은 1656년 벨라스케스의 작품 〈시녀들〉이었다. 그는 학교에도 가지 않고 매일 미술관으로 가서 이 그림을 따라 그렸다고 한다. 그리고 똑같이 그릴 때까지 수없이 다시 그리곤 했다. 60년이 지나 76세가 되던 해 피카소는 벨라스케스의 〈시녀들〉을 다시 그리기 시작했다. 이번엔 자신의 화풍대로 전체를 그리기도 하고 일부를 그리기도 했는데, 이렇게 그리기 시작한 피카소의 〈시녀들〉은 58점에 달해 현재 피카소 박물관에 전시돼 있다고 한다.

여든이 넘은 나이에도 피카소는 마네, 쿠르베, 엘 그레코, 들라크루아 같은 거장의 작품들을 따라 그렸다. 피카소는 왜 다른 화가들의 그림을 모방했을까? 그것은 모방을 하다 보면 새로운 것을 빨리 배울 수 있기 때문이다. 그는 선배 화가들의 그림을 따라 그리면서 그들의 화풍과 구조, 색감 등 필요한 지식들을 익혔다.

또한 모방을 습관적으로 하다 보면 개선을 통해 새로운 것을 창조할 수 있다. 피카소는 "저급한 자는 베끼고, 위대한 자는 훔친다."라는 말을 자주 인용했는데, 창의적 활동이란 타인이 노력해서 내놓은 결과를 그만큼 노력해서 자기 것으로 만들 수 있을 때 일어나는 행위이기 때문이다. 결국 모방을 습관화하면 다른 사람들의 다양한 노력의 결과가 자연스레 자기 것이 된다는 말이다. 그리고 완벽한 모방은 대상의 원리와 작동 방식에 대해 통찰력을 갖게 해준다. 피카소 역시 모방을 통해 자신만의 〈시녀들〉을 창조해 냈다.

이런 모방의 원리를 잘 활용한 또 다른 화가가 있다. 현 미술 시장에서 10대 인기 화가로 꼽히는 라틴아메리카 미술의 거장 페르난도 보테로Fernando Botero다. 그는 많은 명화들을 패러디하고, 뚱뚱하고 우스꽝스러운 인물을 그려 주목받고 있다. 보테로도 어린 시절 전문적인 미술 교육을 받지 못했다. 그래서 르네상스와 바로크 거장들의 작품을 연구하고 모사하면서 자신만의 화풍을 만들어 냈다고 한다.

보테로는 인터뷰에서 "뚱뚱하게 그리는 이유가 무엇인가?"라는 질문에 "나는 뚱뚱하게 그린 적이 없다."고 답한다. 작가들은 자신이 아름답다고 느끼는 저마다의 형태를 가지고 있다. 보테로에게 가장 아름다운 형태는 양감과 볼륨감이었고, 그는 이것에 집중했을 뿐이라고 말한다.

○ 모방의 궁극적 목표는
● 재창조

이순신 장군의 거북선, 페르디난트 포르셰Ferdnand Porsche가 만든 자동차 비틀, 일본의 고속열차 신칸센. 이들의 공통점은 무엇일까? 바로 거북이, 딱정벌레, 물총새 등 자연을 모티브로 주변의 생명체를 모방해서 개발한 제품이라는 점이다.

이렇듯 다양한 관찰을 통해 창조적 모방을 이룬 기업들은 너무나 많다. 미국 슈퍼마켓을 모티브로 한 토요타의 적시생산방식, 패션업계의 제조 프로세스와 자동차회사의 품질관리를 모방한 니토리를 비롯해 IBM, 맥도날드, 사우스웨스트항공, 애플 등 수많은 최고의 기업들은 다양한 분야의 관찰을 통해 새로운 것을 찾고 자신에게 맞게 적용했다. 자신이 몸담고 있는 분야 외에도 다른 분야를 체계적으로 살펴보면 다양한 창조적 모방이 가능할 것이다.

"우리는 위대한 아이디어를 훔치는 걸 부끄러워한 적이 없습니다."

스티브 잡스는 미국 PBS 방송의 한 다큐멘터리에서 이렇게 말했다. 혁신을 위해 모방을 자행했다고 말이다. 하지만 그는 이어서 이렇게 말했다. "그런데 중요한 점은 최고의 것들을 당신이 지금 하고 있는 것 안으로 가져와야 한다는 점입니다." 즉, 최고의 것을 모방해 자신의 아이디어와 결합시키라는 말이다.

남을 100퍼센트 모방하기만 해서는 성공 가능성이 높지 않다. 모방한 아이디어를 자신만의 아이디어와 결합시킬 때, 더욱 성공 가능성이 높아진다는 사실을 기억하자.

"저급한 자는 베끼고, 위대한 자는 훔친다."

창의적 활동이란
타인이 노력해서 내놓은 결과를
그만큼 노력해서 자기 것으로 만들 수 있을 때
일어나는 행위이기 때문이다.

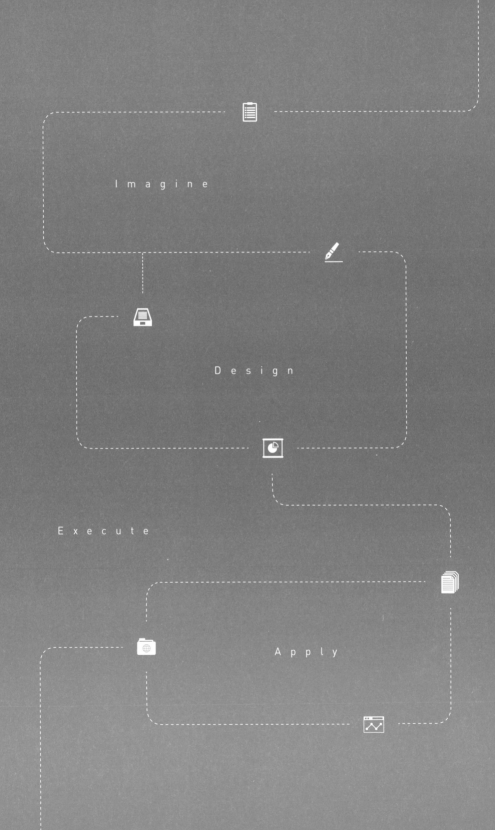

Part 3

Execute

아이디어가 서 말이라도
꿰어야 보배

위대한 창조적 리더는 실행을 통해 태어난다. 아이디어를 내는 사람은 많지만 실행으로 옮기는 사람은 소수이기 때문이다. 아이디어를 현실로 만드는 네 가지 습관을 갖도록 하자. 첫 번째는 몰입가engagement가 되는 것이다. 아이디어가 샘솟는 자신만의 시간과 공간을 찾아 끊임없이 몰입해 보자. 두 번째는 새로운 곳을 찾아 떠나는 혁신가mover가 되는 것이다. 일상의 따분하고 익숙한 공간을 벗어나 다소 두렵고 생소하지만 새로운 '창의지대'로 이동해 보자. 세 번째는 실패를 두려워하지 말고 용기 있는 실패자fail up가 되는 것이다. 어설픈 성공은 또 다른 실패의 원인이 되므로 확실한 실패를 통해 새로운 것을 경험하고 배우도록 하자. 네 번째는 도전가braver가 돼보는 것이다. 빠르게 결단을 내리고 상황을 먼저 주도해 보자. 강한 실행력을 지닌 리더로 성장할 수 있을 것이다.

1 몰입

• 아이디어가 샘솟는 자신만의
  시간과 공간을 찾아라

E N G A G E M E N T

　　　　　　　　한 남자가 팔뚝에 약물을 주입한다. 잠시 눈
을 감고 의자에 앉아 있더니 갑자기 벌떡 일어나 그림을 그리기 시작
한다. 그의 눈동자는 하얗게 변해 있다. 사람들이 말을 걸어도 듣지
못한다. 누가 시키지도 않았지만 붓과 팔레트를 들고 일필휘지로 그림
을 그려 나간다. 고민의 흔적도 없다. 그냥 그릴 뿐이다. 이 순간만큼
은 그의 모든 것을 집중한다. 작업이 끝난 후 그는 탈진한 듯 의자에
널브러진다. 그제야 주변 사람들의 말이 들리는 듯 반응한다.

이 남자는 2006년부터 시작돼 지금도 최고의 인기를 누리고 있는 미국 드라마 《히어로즈》Heroes의 등장인물 중 한 명인 아이작 멘데즈다. 이 드라마는 초능력자들의 이야기인데, 멘데즈의 능력은 미래를 보는 것이다. 그림으로 미래를 표현하는 그는 약물에 중독됐을 때 능력을 발휘한다. 중독된 순간 무아지경으로 몰입하는 것이다.

심리학자 미하이 칙센트미하이Mihaly Csikszentmihalyi 교수는 '몰입'flow이란 "뭔가에 흠뻑 빠져 있는 심리적 상태"를 의미하며 현재 하고 있는 일에 심취한 무아지경의 상태라고 말했다. 주위의 모든 잡념과 방해물을 차단하고 자신이 원하는 어느 한곳에 모든 정신을 집중하는 것이다. 《히어로즈》의 아이작 멘데즈와 같은 상태다. 그런데 재미있는 것은 그가 몰입을 할 때는 약물에 중독됐을 때라는 점이다. 드라마상의 설정이지만 상당히 흥미로운 내용이다. 왜 이런 설정을 한 것일까? 그리고 중독이란 무엇일까? 중독과 몰입의 차이는 무엇일까?

중독은 크게 물질중독substance addiction과 행위중독behavior addiction으로 나뉜다. 대상이 물질(마약류)이면 물질중독이라 분류하고 대상이 행위면 행위중독이라고 부른다. 그런데 중독과 몰입은 유사한 점이 많다는 게 뇌과학자들의 의견이다. 관여하는 뇌 회로가 같고 유사한 일련의 단계를 거친다. 시냅스의 도파민 분비로 안심과 쾌락을 느끼고 행위 후에는 급격히 피로감을 느끼는 구조가 같다.

칙센트미하이는 몰입했을 때의 느낌을 "물 흐르는 것처럼 편안한 느낌", "하늘을 날아가는 자유로운 느낌"이라고 말했다. 일단 몰입을 하면 몇 시간이 한순간처럼 짧게 느껴지는 등 시간 개념이 왜곡되는 현상이 일어나고 몰입하는 대상이 더 자세하고 뚜렷하게 보인다. 그리고 몰입 대상과 하나가 된 듯한 일체감을 가지며 자아에 대한 의식이 사라진다. 이렇듯 몰입은 중독과 같이 연속적이고 강력한 힘을 지닌다. 스포츠에서는 이것을 '인 더 존' in the zone 이라고 부른다.

○ 성공을 위한 몰입 조건,
● '인 더 존'

인 더 존의 의미는 무엇일까? 사전적 의미를 살펴보면 내용은 간단하다. 흥미와 에너지가 집중돼 성과가 오르는 상태라고 나와 있다. 그리고 이렇게 설명한다. "만일 당신이 인 더 존 상태라면 어떤 일을 쉽고 익숙하게 해낼 수 있어 행복하고 흥분될 것이다." 두말할 것 없이 몰입의 상태를 표현하는 말이다.

대부분의 스포츠는 인 더 존으로 진입했는지의 여부가 승패를 좌우하기도 한다. 메이저리그 역사상 마지막 4할 타자였던 보스턴 레드삭스의 테드 윌리엄스Ted Willams는 인 더 존 상태였을 때 마치 공이 자신을 위해 홈 플레이트에 멈춰 서 있는 것 같았다고 말했다. 미국인들이 뽑은 역대 최고의 스포츠 스타 마이클 조던은 인 더 존 상태였을 때 전설적인 '에어조던'이 나온다고 했다. 이럴 때면 마치 공중에서 내려오지 않을 것 같은 느낌이 든다고 했다. 한국 체조의 52년 한을 풀어 준 2012년 런던올림픽 금메달리스트 양학선 선수는 도마를 짚는 순간 깃털이 된 느낌을 받았다고 말했다. 축구의 황제라고 불리는 펠레도 한참을 뛴 상태에서 온몸이 고요하고 평온해지는 것을 느낀다고 했다.

이런 상태는 스포츠 스타들에게만 해당되는 건 아니다. 몰입하지 않으면 목숨을 잃을 수도 있는 암벽 등반가들도 마찬가지다. 암벽에 오르기 위해 몰입하다 보면 내가 누구인지 자의식을 잃어버리고 암벽과 혼연일체가 되는 느낌을 받는다는 것이다.

이들의 공통점은 무엇일까? 무아지경의 상태에서 자신의 마음을 편안하게 만들었다는 것이다. 몰입의 극한 상태다. 그들은 자신에게 주어지는 긴장과 스트레스를 즐기고 최상의 결과로 변화시키는 방법을 알고 있다. 그렇다면 무엇이 그들을 인 더 존 즉, 몰입 상태로 이끄는 것일까? 바로 목표의식과 자신감이라고 칙센트미하이 교수는 말한다. 그는 몰입이란 우연히 찾아오는 게 아니라 스스로 목적을 갖고 적극적으로 행동하는 사람만이 경험할 수 있는 것이라고 했다. 목표의식과 자신감은 몇 달이고 몇 년이고 그것만 생각하게 만든다는 것이다.

뉴턴, 아인슈타인 등 인류 역사상 위대한 창의적 업적을 이룬 사람들도 마찬가지 경험을 했다. 그들은 인 더 존 상태에서 오랫동안 그 일만 생각하다 결국에는 위대한 발견을 해냈다. "나는 몇 달이고 몇 년이고 생각하고 또 생각한다. 그러다 보면 아흔아홉 번은 틀리고, 백 번째가 돼서야 비로소 맞는 답을 얻어 낸다."라고 아인슈타인은 말했다. 1998년 노벨 생리의학상을 수상한 미국의 생물학자 루이스 이그나로Louis Ignarro는 "과학은 9시 출근, 4시 퇴근하는 일이 아니다. 매일 24시간 '왜?', '어떻게?'가 머리를 떠나지 않아야 한다."고 말했다.

몰입과 관련된 뉴턴의 일화는 유명하다. 어느 날 뉴턴은 어떤 학자와 집에서 식사 약속을 잡았다. 그러나 풀리지 않는 문제로 고민하던 중 잠시 산책을 나갔다. 결국 그는 약속을 까맣게 잊었고, 초대를 받은 학자는 어쩔 수 없이 혼자 식사를 하고 집으로 돌아갔다. 한참을 무아지경에 빠져 있던 뉴턴은 고민하던 문제를 해결하고 집으로 돌아왔다. 그리고 식탁에 덩그러니 놓여 있는 빈 그릇을 보고 "내가 식사를 이미 한 것을 깜박 잊고 있었군!"이라고 말했다고 한다. 또 이런 일도 있었다. 뉴턴은 연구에 몰두하느라 식사를 할 시간이 없어 계란을 삶아 먹으려고 하인에게 냄비를 준비해 달라고 했다. 그러나 문제에 너무 집중하는 바람에 끓는 물에 계란이 아닌 회중시계를 넣었다고 한다.

흔히 사람들은 뉴턴이 나무에서 떨어지는 사과를 보고 우연히 만유인력의 법칙을 발견한 것처럼 생각하지만 사실은 그렇지 않다. 뉴턴은 24세 되던 1665년에 페스트가 유럽 전역을 휩쓸어 고향에 돌아왔다. 그리고 이듬해 집 앞뜰에서 우연히 떨어지는 사과를 보고 중력에 대한 개념을 생각하게 됐다. 만유인력의 법칙을 완성한 것은 그로부

나는 몇 달이고 몇 년이고
생각하고 또 생각한다.
그러다 보면 아흔아홉 번은 틀리고,
백 번째가 돼서야 비로소
맞는 답을 얻어 낸다.

-아인슈타인

터 20여 년이 지난 후였다. 42세에 이론을 완성하고 45세에 《자연철학의 수학적 원리》라는 책으로 출판했다. 무려 20여 년 동안 만유인력의 법칙에 대한 연구를 지속한 셈이다. 꾸준히 몰입해 생각하고 또 생각해서 위대한 발견을 만들어 낸 것이다.

아이디어가 샘솟는 자신만의 시간과 공간을 만들어라

얼마 전부터 기업에 '스마트 워크'smart work라는 단어가 유행처럼 번지기 시작했다. 코어타임core time이라는 제도를 만들어 몇 시부터 몇 시까지는 자신의 시간을 갖자는 내용이었다. 이런 제도가 생긴 이유는 하나다. 몰입이 기업의 생산성을 높인다는 많은 연구 결과에 근거한 것이다.

우리의 하루를 돌아보자. 아침에 출근하면 밀려드는 전화, 수많은 회의, 급한 업무 등 하루 종일 정신없이 보내다가 퇴근 시간을 맞이한다. 하지만 남은 일을 처리하기 위해 지친 몸을 이끌고 야근까지 하게 되면 몸은 마냥 늘어지고 효율도 떨어진다. 일본의 조사에 따르면 직장인들은 업무 시간의 90퍼센트를 잡무를 처리하는 데 쓴다고 한다. 캘리포니아대학교의 글로리아 마크Gloria Mark 교수는 한 연구에서 직장인들이 한 시간 동안 잡무로 방해받는 횟수가 20회 정도 된다고 언급했다. 이것이 기업의 생산성에 영향을 미친다니 너도나도 회사의 제도를 바꿀 만하다.

이런 연유로 삼성은 '74제'를 실시한다. 다른 기업보다 일찍 출근해서 새벽 시간에 업무에 몰입할 수 있는 시간을 확보하자는 취지다. 홈플러스는 인사 부문 회의를 무조건 오후에 한다는 원칙을 세웠고, 패션회사 트라이엄프재팬은 전 직원을 대상으로 12시 30분부터 두 시간 동안 잡무를 하지 않는 업무 전념 시간을 운영하고 있다. 국내 대부분의 대기업과 공기업들이 이 제도를 시행 중이다.

나아가 플렉서블 타임제까지 시행하는 곳도 있다. 이는 개인별로 집중할 수 있는 시간대가 다르다는 개념에서 출발한다. 특히 성공한 사람들은 몰입을 위한 자신만의 시간대를 가지고 있다. 세계 최고의 웨딩드레스 디자이너 베라 왕Vera Wang은 매일 밤 11시부터 2시까지를 창조의 시간으로 정해 놓고 몰입한다고 한다. 그녀의 독특하고 세련된 디자인은 대부분 이 시간에 나왔다. 그녀는 밤이야말로 한꺼번에 일곱 명이 달려오지 않는 유일한 시간이라고 말한다. 그리고 매일 같은 시간에 몰입하기를 반복하다 보니 이제는 이 시간이 되면 저절로 아이디어가 나온다고 한다.

그렇다면 몰입을 위한 공간은 어떻게 만들어야 할까? 이 역시 자신만의 공간을 찾는 게 중요하다. 한 연구에 따르면 창의성을 증진시키는 공간은 천장이 높고 소통이 원활하게 이뤄질 수 있도록 열려 있어야 한다. 하지만 집중과 몰입을 위한 공간은 의외로 독서실과 같은 칸

막이 공간이 더 효율적이라고 한다. 이는 몰입을 위한 절대적인 환경이 오히려 창의성을 방해할 수도 있다는 뜻이다.

2009년 《사이언스》science에도 이와 비슷한 연구 결과가 발표됐다. 색깔이 업무에 미치는 영향에 대한 연구로, 빨간색이 파란색보다 기억력을 증진시킨다는 것이다. 다시 말해 몰입하기 더 좋다는 말이다. 그런데 재미있는 사실은 창의성에서는 정반대의 결과가 나타났다는 점이다. 컴퓨터 화면에 여러 가지 블록을 보여 주고 1분 동안 이 블록을 활용해 창의적인 작업을 수행하도록 실험한 결과, 빨간색 바탕화면의 블록보다 파란색 바탕화면의 블록으로 작업을 진행한 사람들이 더 많은 방법을 생각해 냈다. 이들은 창의성 평가에서도 더 높은 점수를 받았다. 결국 어느 특정한 공간만을 고집하기보다는 상황에 따라 공간을 자유롭게 활용할 수 있도록 다양하게 꾸미는 것이 좋다는 결론이 나온다.

색깔뿐만 아니라 소리와 관련해서도 창의력 연구가 진행됐는데, 2013년 미국 일리노이 주립대학교 연구진은 재미있는 연구 결과를 내놓았다. '소음이 창의적 사고에 미치는 영향'이라는 제목의 연구에 따르면 카페 안에서 발생하는 소음이 창의력과 집중력에 도움을 준다고 한다. 카페에서 발생하는 소음은 50~70데시벨 정도다. 그런데 카페에서 들리는 소음이 조용한 환경보다 창의력에 더 긍정적인 영향을 미친다는 것이다. 왜 그런 결과가 나온 것일까?

그 비밀은 백색소음white noise에 있다. 백색소음은 다양한 음높이의 소음들이 모여 만들어진 소리로, 일상에서 발생하는 다양한 소리이기 때문에 귀에 익숙하다. 따라서 집중을 방해하지 않고 오히려 다른 소음들을 차단해 주는 역할을 한다. 한국산업심리학회에 따르면 백색소음은 집중력을 47퍼센트, 기억력을 10퍼센트 향상시키고 스트레스를 27퍼센트 정도 감소시킨다고 한다. 실제로 한 의과대학에서 뇌파 실험을 한 결과는 이를 방증한다. 백색소음을 들려주고 뇌파를 측정한 결과 불안과 긴장을 불러일으켜 '스트레스파'라고 불리는 베타파가 줄어든 반면, 심신이 안정을 취하고 있을 때 발생하는 알파파가 크게 증가했던 것이다.

마지막으로 고려해 볼 것은 식물이다. 일본의 심리학자 시바타 세이지와 스즈키 나오토는 사무실 환경을 다양하게 설정해 놓고 사람들에게 창의적 활동을 하게 했다. 그 결과 놀랍게도 책상 근처에 화분을 놓아 둔 사람들의 창의성이 크게 향상됐다. 미국 텍사스A&M대학교 로버트 울리치Robert Ulrich의 연구팀도 비슷한 결론을 내렸다. 꽃이나 식물들이 있을 때 아이디어 제안 건수가 15퍼센트나 증가했던 것이다. 여성과 아이들의 경우에도 비슷한 결과를 보였다.

왜 이런 현상이 벌어지는 것일까? 진화심리학자들은 이를 인간의 진화 과정으로 설명한다. 본래 인류는 나무와 식물이 가득한 공간에서 안도감을 느껴 왔다. 이런 환경은 그들의 식량과 연관돼 있어 불안과 걱정을 줄여 주기 때문이다. 그래서 나무와 식물은 사람의 마음을 편안하고 즐겁게 해주고 이 상태가 창조성에 긍정적인 영향을 미친다.

집중력 역시 식물이 있는 곳에서 오르는 경향이 있는데 이는 여러 연구에서 검증되고 있다.

따라서 몰입과 창의력을 높일 수 있는 공간을 구성하고자 한다면 시간과 색깔, 자연적 소재, 그리고 백색소음을 어느 정도 고려하는 것이 좋다. 가장 중요한 것은 자신만의 효과적인 시간과 공간을 찾아야 한다는 점이다.

◌ 몰입의
● 여섯 가지 원칙

몰입을 잘하기 위해선 어떤 전략이 필요할까? 미하이 칙센트미하이 교수는 여섯 가지 원칙을 제시하면서 몰입은 훈련을 통해 습관화하는 것이 가능하다고 했다.

첫째, 스스로 명확한 목표를 정해야 한다. 목표가 명확할 때 몰입은 쉬워진다. 그리고 주위의 모든 잡념과 방해물을 차단하고 정신을 집중해야 한다. 하지만 많은 사람들은 매일 반복되는 일을 하는 경우가 많다. 칙센트미하이 교수는 이런 일을 할 때는 스스로 도전할 목표를 정하면 몰입할 수 있다고 한다.

러시아의 과학자 알렉산드르 류비셰프Aleksandr Lyubishev의 일화를 들여다보면 목표의식과 몰입의 연관성을 가늠해 볼 수 있다. '시간을 정복한 남자'라고 불리는 그가 82세로 세상을 떠날 때까지 남긴 업적을 살펴보면 실로 엄청나다. 그는 생물학, 곤충학, 과학사에 매우 정통했으며 철학, 문학, 역사에서도 전문가를 능가했다. 또한 러시아어, 영어, 프랑스어, 독일어에 능했고 70여 권의 학술 서적과 총 1만 2,500여 장의 연구 논문 및 학술 자료를 발표했다. 그러면서도 그는 매일 여덟 시간 이상 수면을 취했고 운동과 산책을 자주 했으며 한 해 평균 60회 이상의 공연 및 전시를 관람했을 정도로 문화생활에 충실했다.

그렇게 할 수 있었던 비밀은 바로 시간관리 노트에 있었다. 그는 모든 시간을 분 단위로 쪼개서 관리했으며 명확한 목표를 설정하고 실천했다. 이 시간관리 노트로 그는 매 순간 몰입의 최고 경지에 도달할 수 있었던 것이다.

둘째, 적절한 난이도를 찾아서 도전적인 스트레스를 만들어야 한다. 몰입하려면 일의 난이도가 너무 쉬워도, 너무 어려워도 안 된다. 적절한 난이도를 꾸준히 설정해야 목표를 향해 몰입도를 유지할 수 있다. 레오나르도 시퍼스Leonardo Schippers와 동료들의 연구에 따르면 다빈치 같은 유명한 인물을 롤모델로 삼는 것은 사람들의 창조성에 부정적인 영향을 미친다고 한다. 목표치를 너무 높게 잡아 자기도 모르게 자신의 초라한 모습을 최고의 천재들과 비교하고 의욕을 잃기 때문이다. 그래서 창의성의 아이콘이라고 불리는 사람들의 사진을 걸어두는 것은 오히려 역효과가 난다.

하지만 도전적인 스트레스를 적절하게 부여하는 것은 창의성과 몰입에 상당히 효과적이다. 많은 연구에 따르면 시간 압박, 과제 부여, 과제의 복잡성 및 요구에서 오는 약간의 긴장감과 스트레스는 오히려 몰입도를 높이고 창의성을 증진시키며 성과를 높이는 역할을 한다.

셋째, 철저하게 일상의 규칙을 만들고 끊임없이 실행해야 한다. 역사상 가장 많이 팔린 베스트셀러 《해리 포터》 시리즈의 작가 조앤 K. 롤링은 매일 밤 차이코프스키의 바이올린 협주곡을 들으며 글을 쓰는 것으로 유명하다. 미국의 가장 유명한 상업 작가 스티브 킹은 다작의 비결이 자신의 집필 습관에 있다고 말했다. 그는 매일 아침 일어나 점심 무렵까지 10페이지의 글을 쓰고, 낮잠이나 다른 볼일을 보다가 잠자리에 들기 전 그날 쓴 부분을 수정하는 것으로 하루를 마무리한다. 매일 이어지는 규칙적인 집필 습관이 오늘날 그를 만든 것이다.

또한 작곡가 차이코프스키는 매일 아침 45분간 산책을 하고 점심을 먹고 다시 두 시간 동안 산책했다고 한다. 작가 무라카미 하루키는 매일 새벽 4시에 일어나 6~7시간 일하고 오후에는 달리기와 수영을 한 후 9시에 잠들었다. 이렇듯 일상의 규칙은 몰입할 수 있는 시간을 만들어 준다.

넷째, 몰입을 방해하는 요소에서 멀리 떨어져야 한다. 방해가 되리라고 생각되는 사물이나 사람이 있다면 집중할 때는 일부러라도 멀리 떨어져 있어야 한다. 뉴턴은 자신의 몰입을 방해하는 사람들을 멀리하는 것으로 유명했다. 그가 우주에 관심을 갖고 이론을 공부하기 위해 대학 도서관에서 책을 빌릴 때였다. 당시 그의 전공과 전혀 상관이 없는 《유클리드 기하학》이라는 책을 빌리는 뉴턴에게 친구가 "그런 책을 왜 보느냐?"라고 물었다. 뉴턴은 잠시 당황하다가 크게 웃고는 그 친구와 다시는 만나지 않았다. 자신의 일을 이해하지 못하는 사람과의 관계는 일을 그르칠 수 있기 때문이었다. 시간이든 공간이든, 물건이든 사람이든 그것이 무엇이든 간에 몰입을 방해하는 것과 멀리 떨어지는 게 좋다.

마지막으로, 몰입을 극대화할 수 있는 자신만의 시간과 공간을 찾아야 한다. 바쁜 일상 속에서 자신만의 시간과 공간을 갖기란 쉽지 않다. 하지만 일부러라도 노력해야 한다. 단, 자신에게 적합한 시간과 공간을 찾아내는 것이 중요하다. 아침이든 밤이든 상황에 따라 가능한 시간대가 있을 것이다. 또한 회사든 카페든 자신이 편안하게 느끼는 공간이 있을 것이다. 이런 자신만의 시간과 공간에 있을 때 몸과 마음이 충전되고 몰입의 효과가 발휘된다. '고통이 없으면 얻는 것도 없다No Pain, No Gain.'는 말을 기억하자. 어느 누구도 고통 없이 위대한 것을 얻을 수 없다. 일상에서 위대함을 만들어 내려면 철저하게 시간과 공간을 통제하고 고통을 감내해야 한다.

뉴턴은 이렇게 말했다. "발명으로 가는 길은 부단한 노력에 있다. 끈질긴 집중이야말로 위대한 발견의 기초다. 나는 특별한 방법을 알고 있는 게 아니라 단지 뭔가에 대해 오랫동안 깊이 사고할 뿐이다. 굳센 인내와 노력 없이 천재가 된 사람은 아무도 없다."

2 변화

- 일상의 안전지대를 벗어나
, 새로운 창의지대로 이동하라

M O V E R

수십 마리로 출발했던 그들은 약속이나 한 듯 수천, 수만 마리가 되어 초원을 온통 검게 물들인다. 북쪽으로, 북쪽으로 걸어온 지 벌써 넉 달째다. 녀석들은 이제 탄자니아와 케냐의 접경 지대인 마라 강 앞까지 다다랐다. 마라 강 건너가 바로 이들의 최종 목적지다. 그러나 그들에게는 마지막 관문이 남아 있다. 강폭이 30미터가 넘는 험난한 마라 강을 헤엄쳐 건너야 하는 것이다.

그들이 만들어 내는 검은 파도가 순식간에 강변으로 밀려온다. 거센 물소리가 용기를 꺾지만 이 힘든 여정을 여기서 포기할 수는 없는 노릇이다. 대장이 먼저 앞장을 섰다. 그는 물살과 강폭을 가늠해 본다. 선발대들이 앞에서 주춤하는 사이 뒤편에서는 또 다른 녀석들이 거침없이 몰려들고 있다. 대장은 다시 한 번 용기를 내 최대한 강폭이 좁은 곳을 찾아본다. 드디어 대장이 용기를 냈다. 하지만 차가운 강물이 몸에 닿자마자 용기는 쉽게 사그라지고 만다. 무리들은 그저 대장이 먼저 강물로 뛰어들어 주기만을 바라는 눈치다.

세 번째 도전 끝에 대장이 헤엄을 치기 시작했다. 첫 물꼬가 터지자마자 그들은 걷잡을 수 없는 홍수처럼 뛰어들기 시작한다. 그들은 250만 년 동안 핏속에 전해 내려오는 본능에 따라 수천 킬로미터를 이동해 거센 물살에 도전한다.

　　　　　　　　　　　　　　　－ MBC 자연 다큐멘터리 《야생의 초원, 세렝게티》,

　　　　　　　　　　　　　　　　　　　　　　제2부 〈위대한 이동〉 중

　이들은 누구일까? 무엇 때문에 목숨을 걸고 이런 대 이동을 하는 것일까? 이들은 지구상 가장 경이로운 장면을 연출해 낸다는 아프리카 최고의 여행자 누$_{gnu}$들이다. 탄자니아 세렝게티 초원에서 둥지를 틀고 살다가 건기가 시작되는 5∼6월 대 이동을 시작한다. 목적지는 케냐의 마사이 마라$_{Masai Mara}$다. 수백만 마리가 이렇게 대규모로 움직이는 이유는 오로지 생존을 위해서다.

　세렝게티는 유네스코 세계유산에 등재될 정도로 중요한 자연의 보고로 수많은 동물들이 이곳의 쾌적한 환경과 더불어 살고 있다. 바로 '안전지대'인 셈이다. 하지만 이곳에 건기가 찾아오면 여지없이 목초가 메말라 끼니 걱정을 해야 하는 황량한 곳으로 바뀐다. 누들은 이 사실을 알고 있다. 물론 몇 개월 넘게 걸리는 긴 이주 여행은 위험과 고난으로 가득하다. 특히 탄자니아와 케냐 사이에 놓인 마라 강을 건너는 과정은 처절하기 이를 데 없다. 한 무리의 누는 악어 떼 같은 포식자들의 먹잇감이 되고 한 무리의 누는 강의 물살에 휩쓸려 수장되고 만다. 강을 건너는 데 성공했다고 해도 그동안의 피로로 인해 혹은 육식동물들을 공격을 받아 또 상당수의 누가 죽음을 맞는다. 그렇기에 일부 누들은 세렝게티의 안전지대에 남아 있거나 중간에 강 건너기를 포기하고 돌아간다. 그러나 그들에겐 건기와 죽음만이 기다리고 있을 뿐이다. 오직 생존을 보장하는 곳은 마사이 마라, 즉 '창의지대'인 것이다.

그런데 아이러니한 것은 어느 누구도 마라 강을 선뜻 건너려 하지 않는다는 것이다. 대장 누first gnu가 물속에 뛰어들어야 비로소 나머지 누들도 물속으로 뛰어든다. 그리하여 지구상에서 가장 경이로운 장면을 연출해 낸다. 죽을 수도 있다는 두려움을 뛰어넘어 새로운 생존으로 나아가는 그들의 여정은 말 그대로 위대한 혁신가의 모습이라 할 수 있다.

◦ 익숙함에서 벗어나
● 낯설고, 불편해지기

사람들은 수많은 지식을 경험에서 얻는다. 연구에 따르면 우리 대부분은 경험에 의한 추론적 사고, 즉 휴리스틱에 의존해 의사결정을 한다고 한다. 휴리스틱은 빠른 의사결정에 도움을 주지만 때로는 사고를 경직시키고 직관적으로 문제를 바라보는 나쁜 습관을 갖게 한다. 늘 익숙하고 편안하고 안전한 곳을 찾도록 만든다. 우리는 이곳을 '안전지대'라고 부른다. 이곳에서는 단지 습관적으로 직관적 사고만을 한다. 새로운 시도를 할 필요가 없으며 따라서 개선도, 혁신도 없다. 단지 안전한 울타리 안에서 정해진 규칙만 지키면 크게 문제가 없다. 한마디로 창의적인 아이디어가 나오기 힘든 곳이다.

하지만 창의적인 아이디어를 촉진시키려면 조금은 낯설고 불편한 곳, 다소 위험한 곳을 넘나들 필요가 있다. 바로 '창의지대'라고 불리는 곳이다. 낯설고 불편하면 우리는 개선을 생각한다. 나아가 혁신을 꿈꾸게 된다. 이곳은 우리에게 익숙한 공간, 시간, 생각을 벗어나도록 도움을 주는 '도전'에 의해 생성된 곳이다. 명심하라. 우리에게 익숙한 안전지대는 '경험 박스'를 만든다. 그렇다면 안전지대를 벗어나 창의지대로 가려면 무엇을 해야 할까? 바로 자신이 만든 '경험의 덫'experience trap에서 벗어나는 것이다.

2002년 월드컵의 함성을 기억하는가? 당시 온 나라가 축구의 열기로 뜨거운 여름을 보냈다. 그리고 무려 4위의 성적을 거둔 대한민국 대표팀의 일등 공신 거스 히딩크 감독은 아마도 모두가 잊지 못할 것이다. 그는 그동안 한국 축구가 벗어나지 못했던 '경험의 덫'을 과감히 벗어던졌다. 최고의 축구 선수 출신 감독들이 가지고 있었던 고정관념에 똑같이 매몰되지 않은 것이다.

히딩크 감독은 먼저 한국 축구팀을 분석했다. 그동안 다른 감독들은 기술 중심으로 축구팀을 이끌었던 터라 선수들의 체력과 스피드가 썩 좋지 않았다. 그렇다고 기술이 뛰어난 상태도 아니었다. 히딩크 이전의 한국 대표팀 감독들은 대부분 스타플레이어 출신으로 카리스마가 있는 유능한 선수들이었다. 그들은 축구란 그저 엄하게 잘 가르치면 된다는 생각에 사로잡혀 있었다. 그들 자신이 그렇게 배웠고, 그런 훈련으로 한국의 스타플레이어가 됐기에 스스로 경험의 덫에 빠져 있었던 것이다.

그런데 히딩크 감독은 달랐다. 그는 선수들에게 기술을 가르치지 않았다. 대신 최고의 퍼포먼스를 낼 수 있는 팀을 만들기 위한 경영을 했다. 기술은 짧은 시간에 배양될 수 있는 게 아니기 때문이었다. 그는 애매한 개인기에 의존하던 한국 축구를 기본 체력과 스피드 중심으로 바꿔 나갔다. 11명 베스트 플레이어의 팀워크를 강조하던 기존 전략을 23명을 골고루 투입하는 퍼포먼스 중심의 팀으로 재편했다.

이유는 간단했다. 축구를 바라보는 시각이 달랐기 때문이다. 그는 축구를 스포츠가 아니라 격투기라고 표현했다. 한 경기가 끝나면 부상당하는 선수가 1~2명 이상 나올 수밖에 없는, 격투기와 유사한 경기라고 말이다. 따라서 23명의 선수들이 기량이 비슷해야 하며 언제 어느 선수가 기용될지 모르니 늘 긴장할 것을 강조했다.

또한 그는 파격적이게도 한국 축구의 스타플레이어 선수들을 대거 탈락시키고 새로운 선수들을 기용했다. 이때 기용된 박지성, 이영표, 송종국 등은 무명 선수에서 한국 최고의 축구 스타로 떠올랐다. 히딩크의 결정이 옳았다는 것을 방증한 셈이다.

히딩크 감독이 대부분의 축구 감독들이 겪는 경험의 덫에 빠지지 않은 것은 그의 선수 시절 전력 덕분이었다. 현역 시절 두각을 나타내지 못하는 선수였던 그는 그리 유명하지 않은 네덜란드의 데 그라프샤프De Graafschap에서 선수 생활을 시작했다. 이후 네덜란드 최고의 클럽 PSV에인트호번에 입단했지만 주전으로 발탁되지 못하는 아픔도 겪었다. 고국에 정착하지 못하고 북부의 축구리그에서 활동하다가 다시 고국으로 돌아와 은퇴했다.

자신이 스타플레이어가 아니었기 때문에 늘 선수들의 입장이 되려고 했던 게 경험의 덫에서 벗어날 수 있었던 요인이었다. 그리고 그는 탁월한 축구 경영자가 됐다. 그에겐 23명의 축구 선수들을 하나로 만들어 최고의 힘을 발휘하게 만드는 능력이 있었다. 이전의 한국 축구 감독들이 주전 11명을 최고의 기술자로 만들기 위해 힘을 쏟았다면, 히딩크는 23명의 선수들 모두가 팀워크를 발휘해 최고의 퍼포먼스를 만들어 내는 팀을 꾸린 것이다. 여기에 기술은 필요하지 않았다.

히딩크는 한국 축구가 가지고 있는 경험의 덫에 대해 이렇게 말한다. "한국 사람들은 규정하는 것을 너무 좋아한다. 4-4-2와 3-5-2 포메이션에 대한 논쟁이 왜 필요한가? 규칙에 얽매이다 보면 창의적인 사고나 플레이를 할 수 없다. 23명 선수들의 몸 상태에 따라 최고의 전략으로 대응하면 된다."

'내가 해봐서 아는데……' 경험의 덫에서 벗어나는 세 가지 방법

우리는 생각보다 훨씬 많이 과거의 경험에 사로잡혀 있다. 나이가 들수록 과거 성공 경험에 의존하는 정도는 더욱 심해진다. 개인이건 기업이건 마찬가지다. 경험이 많은 사람일수록, 그래서 성공한 사람일수록 이 현상은 더욱 심해진다. 어쩌면 당연한 현상이다. 기존의 성공 공식은 못해도 중간은 가지만 새로운 시도는 잘해야 본전이기 때문이다. 왠지 모르게 새로운 시도에는 정신적, 물질적 투입이 만만치 않을 것 같은 생각이 든다.

변화가 빠르지 않은 시대에는 기존의 성공 경험이 통했다. 하지만 지금과 같은 변화와 혁신의 시대에서는 오히려 독이 된다. 기업에서는 대체로 경험이 많은 경영자를 영입하는 경우가 많은데, 그들의 폭넓은 경험이 기업 입장에서 볼 때 매우 중요한 자산이 되기 때문이다.

그러나 환경이 빠르게 변하면 과거의 경험에 의존하는 것은 위험을 부른다.

프랑스 철학자 앙리 베르그송Henri Bergson은 "경험을 통해 터득한 법칙은 그것이 성립됐을 때의 조건이 갖춰지지 않으면 오히려 해가 된다."고 지적한다. 어쩌면 지금이 그런 상황일지도 모른다. 실제로 많은 시장에서 벌어지고 있기 때문이다. 왜 이런 현상이 벌어지는 것일까? 신경과학 분야에서는 두 가지 요인을 언급한다. 패턴 인식pattern recognition과 감정 태깅emotional tagging이다. 연구에 따르면 이 요소들은 의사결정에 매우 중요한 영향을 미친다.

먼저 패턴 인식은 뇌가 정보를 받아서 통합하는 과정으로 과거의 경험과 판단이 결정적인 역할을 한다. 예를 들어 새로운 상황이 주어지면 과거의 경험에 비춰 패턴을 인식하고 판단한 다음 의사결정을 내린다. 상당히 빠르고 효율적이며 합리적인 시스템이다. 하지만 때때로 경험의 덫에 빠지는 오류가 발생한다. 인간의 사고는 늘 불완전하기 때문이다.

감정 태깅은 의사결정을 할 때 사람들의 기억장치 속에 저장된 경험이나 생각들에 감정적인 정보를 갖다 붙이는 것을 말한다. 미국 오리건대학교의 심리학자 폴 슬로빅Paul Slovic은 감정이 여러 형태의 판단이나 의사결정에 정신적 지름길로 작용한다고 주장하면서 이를 '감정 휴리스틱'affect heuristic이라고 명명했다. 많은 사람들이 자신은 합리적이고 이성적으로 판단한다고 말한다. 하지만 실제로는 감정에 따라 판단하는 일이 많다는 것이다. 그리고 그 판단의 경험에 '감정의 꼬리표'가 붙어 추후 비슷한 상황의 의사결정에 영향을 미친다. 이는 또 다른 경험의 덫이다.

코닥은 경험의 덫으로 무너진 대표적인 기업이다. 필름카메라 시장의 성공 경험을 고수하다 디지털이라는 새로운 환경에 대처하지 못해 처절하게 무너졌다. 휴대폰 시장의 최고 강자였던 노키아의 몰락도 마찬가지다. 노키아가 스마트폰에 대응하지 못한 이유는 과거의 성공 경험을 고집했기 때문이다. 비아그라로 큰 수익을 올리던 한국화이자는 한미약품 등 후발 주자들이 내놓은 유사 제품으로 고전하고 있고, 세계의 많은 항공사들이 사우스웨스트항공이나 라이언에어Ryanair 같은 저가 항공사들 때문에 힘들어 하고 있다. 전통적인 ATL 매체(TV, 신문, 라디오, 잡지)들은 네이버, 구글, SNS 등 다양한 디지털 매체가 등장하면서 어려움을 겪고 있으며 아마존, 알리바바, 텐센트, 카카오 등은 유통 시장의 판도를 완전히 바꿔 놓았다. PC 시장의 절대 강자였던 마이크로소프트가 모바일 시장에서 대패한 것도 성공 경험의 덫에 걸렸기 때문이다.

많은 회사의 경영자들이 시장의 변화를 인지하고 못하고 과거의 방식으로만 대처하려고 하다가 스스로 경험의 포로가 되었다. 지금까지의 성공이 그들의 눈을 멀게 하고 변화를 가로막은 것이다.《창조적 파괴》의 저자 리처드 포스터Richard Foster는 "오늘의 시장지배 기업은 내일의 잠재적인 패자"라고 말했다. 그래서 성공은 변화의 가장 큰 적이기도 하다.

그렇다면 경험의 덫에서 벗어나기 위해서는 무엇을 해야 할까? 우선 기존의 성공 모델을 과감히 잊어버려야 한다. 지금의 환경에서 과거의 성공 경험은 무의미하기 때문이다. 끊임없이 훔치고, 베끼고, 창조해야 한다. 그리고 오래된 경험과 고정관념에서 벗어나 객관적인 데이터를 통해 의사결정을 하는 분석적 사고가 필요하다. 그렇다고 직관적 사고가 필요 없다는 말은 아니다. 두 가지를 적절하게 활용해야 한다. 이 방법은 경험에서 비롯되는 휴리스틱에 빠지지 않게 해준다. 또한 오픈마인드와 다양한 사람들과의 협업을 통해 다채로운 경험을 해야 한다. 전문가일수록 경험의 덫에 빠질 가능성이 크기에 늘 의심하고 열린 시각을 가져야 한다.

○ 끊임없이 이동하라,
● 가장 먼저 이동하라

"성을 쌓고 사는 자는 반드시 망할 것이며, 끊임없이 이동하는 자만이 살아남을 것이다."

이 문구는 돌궐의 영웅이었던 톤유쿡의 비문에 새겨진 말이다. 놀라운 것은 이 말이 1,500여 년 전에 쓰였다는 사실이다. 지금보다 변화의 속도가 수천, 아니 수만 배 느렸던 당시에도 사람들은 끊임없는 이동의 중요성을 알고 있었다.

역사적으로 변화의 중요성을 방증한 인물은 칭기즈칸이다. 그는 인류 역사상 가장 넓은 영토를 정복한 위대한 리더로 알려져 있다. 특정한 방식이나 삶의 가치관에 얽매이지 않았고 항상 새로운 자아를 찾아 떠나는 것을 미덕으로 삼았다. 이 개념은 후대 프랑스의 철학자 질 들뢰즈Gilles Deleuze에 의해 재정의됐다. 그는 저서 《차이와 반복》Difference and Repetition에서 노마드의 세계를 '시각이 돌아다니는 세계'로 묘사했다. 기존의 가치나 철학을 부정하고 새로운 것을 찾아 여러 분야를 넘나들며 탐구하는 것을 뜻한다.

영어권에서도 불확실성을 감수하고 용감하게 도전하는 선구자를 가리켜 '퍼스트 펭귄'first penguin이라고 표현한다. 펭귄에게 바다는 삶과 죽음이 공존하는 구역이다. 먹잇감을 구해야 하는 삶의 터전이자 펭귄들의 천적이 기다리는 위험한 공간이기 때문이다. 하지만 그렇다고 빙하 위의 안전지대에만 머무를 수 없다. 바다라는 창의지대로 이동해야만 살아남을 수 있다.

기업에서도 비슷한 표현이 있다. 퍼스트 무버first mover와 패스트 팔로어fast follower가 그것이다. 전자는 산업의 변화를 주도하고 새로운 분야를 개척하는 창의적인 선도자를 말한다. 반면 후자는 새로운 제품이나 기술을 빠르게 따라가는 전략 또는 기업을 말한다. 끊임없이 새로운 곳으로 이동한다는 본질은 같다. 하지만 패스트 팔로어는 안전지대 내에서만 이동한다. 퍼스트 펭귄이 바다로 뛰어든 다음 뒤따라 뛰어드는 펭귄들과 같다. 이들은 시장을 주도할 수 있는 능력이 없으며 단지 퍼스트 펭귄을 따라다닐 뿐이다. 그러다 보니 늘 후발 주자에게 따라잡히기 일쑤다. 바로 우리 기업들의 현실이다.

한국의 기업들은 지금까지 패스트 팔로어였다. 중국의 가격에 밀리고 일본의 기술력에 밀려 그야말로 샌드위치 신세였다. 하지만 이제는 중국과 일본에게 기술력과 가격 모두에서 뒤지고 있다는 분석이 나오고 있다.

그런데 세상이 또다시 변하고 있다. 21세기 변화와 창조의 시대에서는 누가 퍼스트 무버인지 패스트 팔로어인지 알 수가 없다. 무엇이 더 좋은지 가늠하기도 힘든 상황이 돼버린 것이다. 하지만 진리는 변하지 않는다. 어떤 상황이든 무조건 이동하는 자만이 살아남는다. 이는 시대가 변해도 절대 변하지 않는 진리다. 그렇다면 끊임없이 이동하는 퍼스트 무버가 되기 위해 무엇을 해야 할까? 일상에서 시도해 볼 수 있는 일들을 살펴보자.

스스로 변화하는
트렌드 세터로 살아가기

'트렌드 세터'trend setter라는 말이 있다. 마케팅에서 자주 인용되는 단어로 시대의 풍조나 유행 등을 조사하는 사람 또는 선동하는 사람이란 뜻이다. 더 정확히 표현하면 의식주와 관련된 각종 유행을 창조하고 이를 대중화하는 사람이나 기업을 일컫는다. 한마디로 라이프스타일에 깊은 관심을 갖고 있는 사람들이다. 이들은 모든 사람의 공통 관심사인 '사는 문제'에 관심이 많다. 늘 뭔가를 찾아다니고 경험하고 공유하는 것을 즐긴다. 그래서 이들의 행동을 따라 해보는 것은 일상을 탈출하는 좋은 방법이 된다.

일단 스트리트 아이디에이터street ideator가 돼 거리로 나가 보자. 라이프스타일의 트렌드를 가장 잘 반영하는 곳은 거리의 상점들이다. 요즘 뜨고 있는 거리, 뜨고 있는 상점을 둘러보라. 먹고 마시고 입는 상점들은 소비자가 원하는 것wants과 필요로 하는 것needs을 리드하기 때문에 좋은 배움터가 된다. 거리 트레킹을 통해 다양한 영감을 얻어 보자.

그리고 주변의 다양한 문화를 접해 보자. 특히 최근에 진행되는 공연, 전시회, 영화 등 사회적 이슈가 될 만한 것들은 꼭 경험해 보는 게 좋다. 개봉하는 영화를 가장 먼저 보고 SNS에 후기를 올리고, 특별한 공연을 보고 평가해 보고, 독특한 전시회를 보고 사람들에게 자신의 의견을 피력해 보자. 이런 습관들이 쌓이면 어느덧 트렌드 세터가 돼 있는 자신을 발견할 것이다.

또한 테마를 선정해 여행을 다니는 것도 좋다. 사전에 여행 경로를 짜고 특이 사항을 체크해 현지에서 보고 느끼는 것이다. 계획하지 않으면 움직이지 않게 되고, 움직이지 않으면 실행이 불가능하므로 테마를 정해 떠나는 것이 좋다.

어떤 상황이든 무조건
이동하는 자만이 살아남는다.
이는 시대가 변해도
절대 변하지 않는 진리다.

이탈리아 베네치아 구겐하임 미술관에 가면 한 작품에 이런 문구가 써 있다. 'Change place, Change time, Change thought, Change future.' 안전지대에서 창의지대로 이동하기 위해서는 스스로 변화하는 것이 무엇보다 중요하다. 지금 머물고 있는 안전지대를 변화시키고, 시간을 변화시키고, 생각을 변화시키면 어느덧 창의지대에 다다른 자신을 발견할 것이다. 그때 자신의 모습은 지금과는 다른, 미래가 바뀐 모습일 것이다.

3 실패

- 어설픈 성공보다
, 확실한 실패가 낫다

FAIL UP

'127년 만에 퇴출, 역사 속으로.'

2013년 한 신문 기사의 제목이다. 무엇이 퇴출된다는 걸까? 기사의 주인공은 바로 백열전구다. 요즘같이 빠르게 변하는 시대에 퇴출이란 단어가 달갑지만은 않다. 하지만 무려 127년을 이어 왔다는 게 놀랍다.

백열전구는 1887년 경복궁에 국내 최초로 도입된 이후 2014년 생산 및 수입이 완전히 중단됐다. 우리뿐 아니라 유럽연합EU은 이미

2012년에 생산 및 수입이 중단됐고 미국 역시 2016년에 퇴출당했다. 왠지 모르게 아쉽기까지 하다.

인류의 역사에서 백열전구가 갖는 의미는 크다. 인류에게 빛을 통제할 수 있는 힘을 주었기 때문이다. 아마 인류의 가장 위대한 발명품을 꼽는다면 백열전구를 언급하는 사람들이 많을 것이다. 밤을 지배하면서부터 인간은 비약적인 발전을 해왔다.

이 위대한 발명품을 만들어 낸 사람이 토머스 에디슨이라는 것을 모르는 사람은 없다. 하지만 전구를 최초로 발명한 사람은 험프리 데이비Humpry Davy다. 1802년 '데이비램프'가 나왔지만 수명이 너무 짧고 지나치게 밝아서 가정용으로 적합하지 않았다. 에디슨도 안정적이고 수명이 긴 전구를 만들기 위해 연구했다. 하지만 그가 진정 위대한 것은 무수한 실패를 통해 성공을 만들어 냈다는 점이다.

에디슨은 빛을 발생시키는 필라멘트 소재를 찾기 위해 백금, 사람의 머리카락 등 온갖 재료로 실험을 했다. 무려 1,200여 번이나 실패를 거듭한 그에게 친구가 포기를 권유하자 그는 다음과 같은 유명한 말을 남겼다. "나는 1,200번이나 실패한 것이 아니네. 1,200가지나 되는 안 되는 방법을 발견한 것뿐이네." 1879년 드디어 에디슨은 백열전구를 발명했다. 에디슨의 명언 중 '99퍼센트의 노력'이란 의미는 어쩌면 수많은 실패를 의미하는지도 모르겠다.

그런데 최근 에디슨과 비슷한 행보로 화제가 되고 있는 인물이 있다. 앞장에서도 소개한 바 있는 영국의 스티브 잡스라 불리는 제임스 다이슨James Dyson이 그 주인공이다. 많은 사람들은 그를 천재 발명가라고 부른다. 하지만 그는 자신이 실패를 통해 배우는 평범한 노력가라고 말한다. 숱한 실패 끝에 성공을 만들어 내는 그의 지론은 "성공은 99퍼센트의 실패로 이뤄진다."는 것이다.

그가 세운 전자제품을 기업 다이슨은 당시 100여 년 동안 변함없던 진공청소기에 먼지봉투를 없애는 획기적인 아이디어로 유명해졌다. 이 먼지봉투 없는 진공청소기는 비틀즈 이후 가장 성공한 영국 제품이란 찬사를 받을 정도였다. 하지만 그 여정은 험난했다. 1979년부터 5년 동안 다이슨은 5,127개의 시제품을 제작한 끝에 먼지봉투 없는 진공청소기를 개발하는 데 성공했다. 그 역시 5,126번의 실패를 한 게 아니라 5,126가지의 안 되는 방법을 발견했던 것이다.

2009년 다이슨은 또 한 번 세상을 깜짝 놀라게 했다. 당시 《타임》에서 선정한 올해의 가장 혁신적인 발명품에 오른 '날개 없는 선풍기'가 그 주인공이다. 1882년 전기를 이용한 선풍기가 처음으로 발명된 이래 무려 127년간 선풍기의 핵심은 날개였다. 선풍기에서 날개를 없앤다는 것은 상상하기 힘든 일이었다. 하지만 다이슨은 해냈다. 바로 수많은 실패에서 터득한 노하우가 성공을 부른 것이다. 이 제품 역시 4년이라는 실패의 시간이 있었다.

다이슨은 직원들에게 실패를 장려한다고 한다. 그래서인지 다이슨이 내놓는 제품들의 개발 기간은 긴 편이다. 1999년 첫 시제품을 공개하고 16년 만에 판매를 시작한 로봇청소기의 반응은 어떨까? 분명

한 건 세상을 움직이는 혁신적인 제품은 수많은 실패와 시행착오가 있어야 탄생한다는 것이다.

◌ 성공하기 위해 실행하지 말고,
● 실패하기 위해 시도하라

65, 105, 1,008. 이 숫자는 무엇을 의미할까? 세상에서 실패를 가장 많이 한 사람의 이야기가 이 숫자에 담겨져 있다. 그가 창업한 회사는 현재 전 세계 80여 개국에 1만 개가 넘는 매장을 가지고 있고 연 순이익이 27조 원이나 되는 글로벌 기업이다. 늘 푸근하고 온화한 미소를 지으며 매장 앞에 서 있는 그는 KFC의 창업자 할랜드 데이비드 샌더스Harland David Sanders다.

그의 인생은 파란만장했다. 6세에 아버지를 여의고 동생들을 위해 집안의 가장이 됐다. 10세에 농장 일을 시작했다가 12세에 의붓아버지의 폭행으로 가출했다. 그리고 돈을 벌기 위해 닥치는 대로 일하다 30세에 전 재산을 날렸다. 그가 몸담고 있었던 아세틸렌 램프 제조업이 전기램프의 등장으로 망한 것이다. 이후 미쉐린타이어의 영업사원으로 한때 잘나가기도 했지만 공장이 폐쇄되면서 직장을 잃었고 주유소마저 대공황으로 문을 닫게 됐다. 40대 후반에 시작했던 식당과 모텔은 화재로 잃었고 겨우 재기해서 오픈한 레스토랑도 파산했다.

샌더스는 생각했다. 이유가 뭘까? 아니 땐 굴뚝에 연기 날 리 없다고, 실패에는 다 이유가 있었다. 그는 실패에서 깨달음을 얻어 배우고 성장하기로 했다. 첫 번째 깨달음은 세상 돌아가는 이치를 몰랐다는 것이었다. 램프 제조업도 그랬고, 주유소도 그랬다. 타이어 공장 역시 마찬가지였다. 레스토랑의 경우 새로운 고속도로의 정보만 미리 알았더라면 대처할 수 있었을 것이다. 결국 세상의 변화에 둔감했기에 실패했다는 사실을 그는 알게 됐다.

두 번째 깨달음은 소비자가 무엇을 원하는지 간파하지 못했다는 것이다. 주유소와 레스토랑 실패를 통해 샌더스는 사람들에게 숙소와 빨리 먹을 수 있는 간단한 음식이 필요하다는 사실을 알게 됐다. 결국 65세에 다시 새로운 사업에 뛰어들었다. 바쁜 운전사들에게 맛있는 치킨을 간편하게 제공한다는 아이템이었다.

당시 그의 주머니에는 사회보장비로 받은 105달러가 전부였다. 우선 낡은 트럭을 구하고 압력솥을 샀다. 그리고 그만의 치킨 요리 비법을 개발했다. 미국 전역을 돌아다니며 치킨 메뉴를 제안했지만 돌아오는 건 거절뿐이었다. 2년 동안 거절당한 횟수만 1,008번! 누구도 이 초라한 노인에게 투자하려 하지 않았다. 하지만 세상은 그를 저버리지 않았다. 어느 추운 겨울날 1,009번째 방문한 콜로라도의 한 레스토랑에서 첫 계약을 성사시킨 것이다. 치킨 한 조각당 4센트의 로열티와 KFC라는 이름이 탄생한 순간이었다.

샌더스는 훗날 이런 말을 했다. "훌륭한 생각을 하는 사람은 많지만 행동으로 옮기는 사람은 드물다. 나는 주저하지 않았다. 대신 뭔가를 할 때마다 그 경험에서 배우고 다음번에는 더 잘할 수 있는 방법을 찾아냈다." 그가 위대한 것은 성공했기 때문이 아니다. 2년간 퇴짜를 맞았지만 결코 포기하지 않았고, 실패할 때마다 그 경험에서 배우고 또 배웠기 때문이다.

○ 실패는 성공으로 가는
● 가장 빠른 재테크다

세상의 모든 실패 사례들을 모아 놓은 곳이 있다면 어떨까? 그곳에만 다녀오면 실패할 확률을 크게 줄일 수 있을 것이다. 남이 실패한 과정을 똑같이 따라 하는 멍청이는 없을 테니 말이다. 하지만 실패는 본인의 의지와 상관없이 찾아온다. 게다가 대부분 노력과 열정이 부족해서가 아니라 외부 환경에 의해 갑자기 진행되는 경우가 많다.

더욱 당황스러운 건 어떤 제품이 실패했다는 사실 자체를 우리가 모른다는 점이다. 그렇다면 세상에 출시되는 수많은 제품들이 실패할 확률은 얼마나 될까? 통계에 따르면 80~90퍼센트라고 한다. 그럼에도 불구하고 우리는 무엇이 실패했는지 도통 알 수가 없다. 굳이 실패한 제품을 알릴 필요는 없으니 말이다. 그래서 많은 사람들은 똑같은 실수를 저지른다. 실패를 반복의 역사라고 부르는 것도 바로 이 때문이다. 어떻게 하면 실패를 반복하지 않을까? 실패를 차곡차곡 쌓아서 자산으로 만들어야 더 이상 반복하지 않을 수 있다.

미국 미시건 주 앤아버에 가면 뉴 프로덕트 웍스New Product Works라는 박물관이 있다. 이름만 보면 새로운 제품을 전시하는 곳이다. 그런데 이곳은 실패박물관으로 더 유명하다. 10만여 점이 넘는 제품이 전시 돼 있는데 하나같이 실패한 제품들이다. 가령 최악의 실패작으로 꼽 히는 '크리스털 펩시'는 1992년에 출시됐지만 아예 존재 자체를 모르 는 사람들이 많다. '색깔이 없는 콜라'라는 아이디어는 좋지만 처절하 게 실패했다. 소비자의 마음속에 콜라는 갈색이기 때문이다.

연기 없는 담배도 있다. '프리미어'라고 불리는 이 담배는 연기가 없 다는 획기적인 아이디어로 출발했지만 연기 때문에 담배를 피우는 소 비자들은 외면했다. 스프레이 치약도 있다. 이 어린이용 치약은 사용 하기 편리했고 아이들에게 인기가 많았지만 엄마들이 질색했다. 욕실 을 난장판으로 만들어 놓았기 때문이다. 세계적인 이유식 제조업체 거버의 '싱글즈'라는 제품은 독신들을 위한 맞춤형 제품이었다. 유리 병에 담긴 이 즉석식품은 요리하기 귀찮은 사람들에게 편리함과 훌륭 한 맛을 제공했다. 하지만 소비자는 외면했다. 아이들의 이유식 병과 다를 게 없는 용기 때문이었다.

이들 제품의 공통점은 아이디어가 획기적이라는 것이다. 하지만 하 나같이 소비자를 고려하지 않았다. 그들이 무엇을 원하는지, 무엇을 원하지 않는지 파악하지 못한 것이다. 그리고 더 중요한 사실이 있다.

당시 실패의 맥락을 파악하고 이를 자산으로 만들지 못했다는 점이다. 도전이 있는 이상, 실패는 존재한다. 과거의 실패는 현재의 성공으로 얼마든지 이어질 수 있다. 그러기 위해선 실패를 장려하는 환경을 먼저 만들어야 한다.

전설적인 홈런왕 베이브 루스Babe Ruth는 714개의 홈런을 쳐냈다. 그런데 사실 그는 홈런 수보다 1,300여 개의 삼진을 당한 것으로 더 유명하다. 먼지봉투 없는 진공청소기로 세계적인 기업가가 된 제임스 다이슨은 5,126번의 실패를 겪어야 했다. KFC의 할랜드 데이비드 샌더스는 1,008번의 거절을 당했고, 서양 미술사의 가장 위대한 화가였던 빈센트 반 고흐는 10년 동안 900여 점의 그림을 그렸지만 그가 살아있을 때 팔린 작품은 딱 한 점뿐이었다. 발명왕 에디슨도 백열전구 개발에 무려 1,000번이 넘는 실패를 겪었다. 하지만 이들은 모두 실패를 실패로 여기지 않고 목표 지점에 도달하기 위한 과정으로 생각했기에 위대한 성공에 이를 수 있었다.

전문가는 실패에서 진짜 노하우를 얻는다

"실패는 성공의 어머니다!" 뭔가 실패를 한 것 같은 느낌이 들 때 가장 많이 듣는 말이다. 그런데 조금 이상하다. 이 문장을 곱씹어 볼

수록 이해가 되지 않는다. 실패를 했는데 성공을 한다니, 단순히 실패한 사람을 위로하기 위한 립 서비스가 아닌가? 좀 더 깊이 생각해보면 실패를 할수록 성공할 확률이 커진다는 의미인 것 같기도 하다. 어쩌면 긍정적인 사람들의 막연한 기대감일지도 모르겠다. 그런데 이 분야를 연구한 한 학자의 결과물이 흥미롭다.

스탠퍼드대학교의 심리학과 교수 캐럴 드웩Carol Dweck은 학습과 지능에 대한 사람들의 신념이 중요하다는 연구를 해왔다. 이 신념을 드웩은 고정 마인드셋fixed mind-set과 성장 마인드셋growth mind-set으로 구분했는데, 전자는 지능이나 성격 등 심리적 특성이 불변한다고 믿는 사람이고 후자는 지능이 변할 수 있고 학습을 통해 발달할 수 있다고 믿는 사람이다. 드웩의 연구 결과에 따르면 고정 마인드셋을 가진 사람들은 실패를 어쩔 수 없는 자신의 능력 부족으로 보고 실패한 과제에서 철수해 버린다고 한다. 반면 성장 마인드셋을 가진 사람들은 실패를 교육 기회로 삼고 배우려고 노력한다.

미시간대학교 심리학과 교수 제이슨 스콧 모서Jason Scot Moser와 동료들은 실패에 대한 학습 과정을 뇌파 측정을 통해 연구했다. 그들은 피실험자에게 과제를 부여하고 해결하는 과정에서 뇌파 변화를 측정했다. 그 결과 사람의 뇌에서는 실패를 할 때마다 두 가지 다른 반응이 일어난다는 것을 발견했다. 첫 번째 반응은 실수−관련 부적전위Error-Related Negativity, ERN라는 신호다. 이것은 실패를 하고 50밀리초 후에 무의식적으로 생성된다. 두 번째 반응은 실수−정적전위Error Positivity, Pe

다. 실패를 한 후 100~500밀리초 사이에 생성되며 실패 이후 실망스러운 결과에 대해 생각할 때 생성된다고 한다.

재미있는 것은 ERN과 Pe가 같은 패턴으로 생성되면 실패로부터 많이 배운다는 점이다. 연구 결과 성장 마인드셋이 높은 사람들은 Pe가 증가하면서 뇌의 해당 영역이 붉은색을 나타냈다. 이는 고정 마인드셋이 높은 사람들에게는 나타나지 않던 반응이었다. 실제로 성장 마인드셋이 높은 사람들이 고정 마인드셋이 높은 사람에 비해 실수 후 훨씬 높은 정확성을 보였다는 것도 고무적이다.

두 가지 연구가 시사하는 바는 크다. 인간의 뇌는 본능적으로 실패를 통해 배우려는 메커니즘으로 구성돼 있다. 그리고 지능이나 성격 등 심리적 특성이 학습을 통해 발달할 수 있다고 믿는 긍정적 태도가 실패를 성공으로 만드는 결정적인 역할을 한다. 한 학자는 전문가를 "아주 작은 영역에서 할 수 있는 모든 실수를 한 사람"이라고 정의했다. 결국 전문가란 실패를 통해서 배워 가는 사람이다. 앞서 인용한 '실패는 성공의 어머니'란 표현 역시 실패를 통해 배워 가는 과정의 결과물이 바로 성공이라는 말이다. 그러나 여기서 가장 중요한 핵심은 자신의 성장 가능성에 대한 긍정적 태도다.

최근에 미국의 경제잡지 《포브스》Forbes에 재미있는 기사가 실렸다. 혁신은 창의력의 산물이 아닌 훈련의 결과물이라는 것이다. 그리고 창의력도 중요하지만 어려운 상황을 헤쳐 나갈 수 있는 방법을 알려 주는 게 중요하다고 설명했다. 덧붙여 이런 감각을 훈련하기 위해 "실패를 기념하라."celebrating failure고 했다. 실패를 성공과 혁신의 발판으로 삼으라는 뜻이다. '성공은 실패의 어머니'라는 말과 맥을 같이하는 조언이다.

《뉴욕 타임스》에 따르면 일부 실리콘밸리의 기업들은 실패담을 공개하고 나누는 모임을 만들어 운영한다고 한다. 창업자 500여 명이 모여 실패담과 처세술을 공유하는 자리로, 카산드라 필립스Cassandra Phillipps가 스타트업 재기자들을 위해 만든 '페일콘'FailCon이라는 모임이다. 토론토에는 다른 회사의 실패를 분석하고 자료를 제공하는 페일포워드Fail Forward라는 회사가 있다. 이 회사의 창업자 애슐리 굿Ashley Good은 이렇게 말한다. "아무도 실패하기를 원하지 않는다. 절대 축하할 일도 아니다. 하지만 우리는 똑똑하게 실패하는 것이 점점 더 중요해지는 시대에 살고 있다."

'똑똑하게 실패'하기 위한
네 가지 방법

실패에도 똑똑한 실패가 있다니, 뭔가 낯설다. 어법이 틀렸다고 말하는 사람도 있을 것이다. 일반적으로 실패란 굴욕감, 패배감, 좌절감, 창피함 등의 단어를 동반하기 때문이다. 어느 누구도 실패를 원하는 사람은 없다. 많은 기업들이 실패를 용인하는 문화를 추구한다지만 그리 썩 기분이 좋지는 않다. 그런데 실패에도 똑똑한 실패가 있다고 주장하는 학자가 있다. 하버드대학교의 에이미 에드먼슨Amy Edmonson 교수는 똑똑한 실패란 "지식 기반을 넓히거나 가능성을 조사하는 실험, 또는 정교한 실험을 통해 아이디어를 검증하는 실패"라고 말한다. 정리해 보면 실패란 다양한 시도를 하면서 경험을 축적하고, 이후 다른 과제에 적용해 볼 수 있는 성과를 만들어 낸다는 것이다.

그렇다면 똑똑하게 실패하기 위해서는 어떻게 해야 할까? 삼성경제연구소 보고서에 따르면 다음과 같은 네 가지 방법이 있다.

첫째, 실패에 대한 두려움을 없애라. 하지만 말처럼 쉽지 않다. 실패는 부정적인 이미지가 강하기 때문이다. 실패로 인한 비난, 자신감 하락, 자존감 저하 등 심리적 위축을 가져온다. 한 번 실패하면 또다시 실패할까봐 더욱 위축된다. 개인 차원에서 이를 극복하려면 다양한 실패 사례를 접해 보는 것이 좋다. 초기에는 실패로 시작했으나 나중에 더 큰 성공으로 발전한 사례를 찾아보자. 조직 차원이라면 실패를 격려하는 분위기를 만들어 본다. 내부 사례를 발굴하고 전파하는 것도 좋다. 혼다의 '실패왕 선발', 3M의 '실패 연구원을 위한 실패 파티', BMW의 '이달의 창의적 실수상', 제일기획의 '실패 메일'Fail Mail 등 다양한 사례를 찾아 제도로 정착시키는 것도 좋은 방법이다.

둘째, 실패를 감추지 마라. 실패를 감추려고 하는 것은 인간의 본성이다. 심리학에서는 방어기제라고 한다. 부정적 이미지가 강하기 때문에 자신을 보호하려는 방어기제가 발동하는 것이다. 그래서 유사한 실패가 반복해서 나타나고 더 큰 실패로 이어진다. 조직 내에서 발생한 실패 사례를 전파해 공유하도록 하라. 실패를 드러낼 수 있는 환경을 만들어 주는 것도 중요하다.

셋째, 초기에 많이 실패하고, 빨리 실패하라. IBM의 창업자 토머스 왓슨Thomas Watson은 가장 빨리 성공하는 길은 실패를 많이 하는 것이라고 했다. 수많은 실패 사례를 분석한 결과에서도 초기에 빨리, 많이 실패할수록 창조적 성과가 더 빨리 나오는 것으로 밝혀졌다. 초기에 실패할수록 비용이 적고 창의적인 결과물을 창출할 수 있기 때문이다. 빠른 의사결정을 위해 프로토타이핑prototyping(개발 초기에 모형을 간단히 만들어 기능과 효과를 검증하는 것)으로 커뮤니케이션을 진행하는 회사들도 있다. 실패할수록 성공에 가까워지기 때문이다.

넷째, 실패의 경험을 차근차근 축적하라. 경험이 쌓이다 보면 지식이 되고 노하우가 된다. 누가 실패했는지는 중요하지 않다. 왜 실패를 했느냐가 중요하다. 너무 급하게 서두르지 말자. 시간을 충분히 갖고 다양한 실패의 경험을 분석하다 보면 창의적인 결과가 산출된다. 실패를 하지 않는 건 중요하지 않다. 똑같은 실수를 하지 않도록 자산화해야 한다. 동료들 간 학습 전이가 발생하도록 조직 차원의 장을 만드는 것도 좋다. 픽사의 리뷰회의나 3M의 '쇼 앤드 텔 타임'Show and Tell Time 제도가 바로 그런 사례다.

4 도전

빠르게 결단을 내리고
상황을 주도하라

B R A V E R

한 남자가 다소 경직된 표정으로 눈을 감고 있다. 굳게 다문 입은 비장함마저 느껴진다. 화면이 약간 덜컹거리며 내레이션이 흘러나온다.

내 인생엔 굴곡이 많았다. 평탄치 않았던 길도, 매서운 바람도 내가 극복해야 했다. 이런 경험들이 오늘의 나를 만들었다. 그리고 지금 나는 여기 서 있다. 당신이 보고 있는 것은 완벽하게 만들어진 몸매, 물

리 법칙을 극복하기 위한 두 다리, 그리고 이 대망의 서사시를 일궈
낼 정신력이다.

내레이션과 함께 등장한 것은 감탄과 충격이었다. 남자는 후진하
는 두 대의 트럭 위에 서 있었다. 그것도 트럭의 사이드미러를 발판으
로 의지한 채 말이다. 잠시 후 더욱 충격적인 장면이 연출됐다. 두 트
럭의 사이가 벌어지면서 남자의 다리가 일자로 벌어졌다. 그는 두 트
럭의 사이드미러에 두 다리를 한 쪽씩 걸치고, 완전히 일자로 다리를
벌린 상태에서 움직이고 있었다.

이 영상은 일명 '볼보 위 다리 찢기'로 알려져 있다. 2012년 말에
제작돼 2013년 '올해의 유튜브 영상' 6위를 차지했고, 2015년에 발표

왕년의 액션 스타 장–클로드 반담을 주인공으로 한 볼보 트럭 광고의 한 장면

한 '유튜브 10년 최고의 광고'에서 4위를 차지했다. 현재까지 유튜브 조회 수 8,200만을 넘기며 아직도 그 인기가 식지 않고 있다. 컴퓨터 그래픽이나 어떤 합성도 없이 실제로 촬영된 동영상으로 준비 기간만 5개월이 걸렸다고 한다. 단지 한쪽 발에 안전을 목적으로 와이어만 부착했을 뿐이다.

볼보는 이 광고에서 세계 최초의 혁신 기능인 다이내믹 스티어링 휠을 돋보이게 하려고 고속 후진을 시도했다. 광고를 찍기 전 다들 이 프로젝트는 불가능하다고 생각했다. 더구나 후진으로 달리는 두 대의 트럭 위에서 다리 찢기 신공을 보인다는 것은 끔찍한 일일지도 모른다. 볼보 트럭 라이브테스트라 불리는 이 광고는 총 여섯 개의 시리즈로 구성돼 있다. 그중 단연 압권은 바로 여섯 번째로 제작된 '다리 찢기'The Epic Split다.

이 광고의 중심에는 장—클로드 반 담Jean-Claude Van Damme이라는 배우가 있었다. 1960년에 태어나 어느덧 환갑에 가까운 나이가 된 그는 1980~1990년대 최고의 액션배우였다. 열한 살 때부터 갈고닦은 각종 무술 실력 덕분에 액션배우로 데뷔했고 360도 돌려차기는 그의 트레이드 마크였다. 이 영상의 내레이션처럼 그는 굴곡 많은 인생을 살아 왔다. 영화배우의 꿈을 안고 미국으로 건너와 5년 동안 피자배달원, 운전기사 등을 하면서 힘겹게 살았다. 그리고 무술 실력 덕분에 캐스팅된 한 편의 영화로 성공을 거뒀지만, 1990년대가 흘러가면서 그의 인기도 시들해졌다. 설상가상으로 마약 복용에 잦은 이혼으로 여성편력가라는 꼬리표까지 달게 됐다.

영화 캐스팅은 들어오지 않고 생활도 궁핍해졌다. 딸과는 관계가 멀어져 법정소송까지 갔지만 변호사 수임료도 주지 못하는 상황이었다. 이 정도면 스스로 실패자라고 낙인찍을 만했지만 그는 다시 일어섰다. 그리고 이 한 편의 광고로 재조명을 받게 됐다. 어쩌면 옛 명성을 되찾기 위해 끊임없이 도전하는 볼보 트럭과 다르지 않은 모습이 사람들에게 감동을 전했는지도 모른다. 이 광고는 2015년 칸 광고제에서 그랑프리의 영광을 얻었다. 장-클로드 반 담의 도전과 포기하지 않는 정신은 자칫 실패한 인생으로 끝날 수도 있었던 그를 다시 일어서게 해주었다.

○ 우리가 만나는 모든 이에게 최고의 것을,
● 우리가 하는 모든 일에 최선을

백화점 1층은 일반적으로 화장품 매장들이 들어서 있다. 이들 중 화장품에 관심이 적은 남성들도 익숙한 브랜드가 있는데, 바로 에스티로더Estée Lauder다. 이 이름은 단순히 화장품 브랜드가 아니다. 미국의 세계적인 화장품회사 창업주이자 세일즈의 귀재라고 불리는 승부사의 이름이기도 하다. 그녀가 세운 에스티로더는 화장품이라는 아이템 하나로 30여 개의 유명 브랜드를 소유하고 있고 2014년 기준 11조

원의 매출을 올렸다. 1946년 설립 이후 60여 년간 꾸준히 성장세를 이어 올 수 있었던 비결은 대체 무엇일까? 그것은 창업주 에스티 로더의 무한한 도전 정신에 있다.

그녀의 일생 역시 결코 평탄치 않았다. 1908년 미국 빈민가의 이민 가정에서 9남매 중 막내로 태어난 그녀는 고등학교도 졸업하지 못하고 돈을 벌기 위해 외삼촌이 만든 화장품을 팔러 다녔다. 그것이 인연이 돼 화장품 사업을 시작했으나 초기 판매는 신통치 않았다. 결혼 후 본격적으로 사업에 뛰어든 그녀는 조그마한 헤어살롱을 차려 오랜 시간 따분하게 앉아 있는 여성들에게 무료로 화장품을 체험하게 했다. 그렇게 용기를 내 무작정 뛰어든 미용실이 화장품 사업의 기반이 됐고, 1946년 남편과 함께 에스티로더를 창업했다.

로더는 여성의 사회 참여와 시장이 커질 것을 예견하고 화장품의 고급화 전략을 펼쳤다. 하지만 어느 누구도 그녀의 제품에 관심을 갖지 않았다. 당연한 결과였다. 상품 외에는 가진 것도 없고 인지도는 더욱 떨어졌기 때문이다. 광고 하나 버젓이 할 형편이 되지 못했다. 로더는 고민에 빠졌고 백화점 입점만이 돌파구라고 판단했다. 전략은 유효했지만 유명 백화점이 이름도 없는 화장품을 상대해 줄 리 만무했다. 100여 차례 넘게 한 백화점을 방문해서 제품을 설명하고 설득한 적도 있었다.

계속 거절당했지만 로더는 포기하지 않고 도전했다. 이번엔 거절당한 백화점 앞에서 무료 샘플을 나눠 줬다. 제품의 품질에 자신이 있었기에 가능했던 일이었다. 백화점 손님들은 우수한 품질의 화장품에 호감을 보였고 에스티로더 제품을 찾기 시작했다. 심지어는 한 백화점 중역의 딸이 자신의 여드름 증세가 호전을 보이자 급하게 에스티로더 제품을 입점시키기도 했다.

로더의 과감한 도전은 여기서 멈추지 않았다. 파리의 명품 백화점 갤러리 라파예트에서 담당자와의 면담을 계속 거절당하자 그녀는 백화점 바닥에 '유스 듀'Youth Dew라는 향수를 쏟아서 손님들이 먼저 찾도록 했다. 그녀의 예상은 적중했다. 지나가던 남자 손님들이 향기에 매료돼 제품을 찾은 것이다. 결국 고객들의 문의와 요청으로 입점이 성사됐다.

당시 화장품 무료 샘플은 엄청난 도전이었다. 어느 누구도 시도해본 적 없는 방법이었고 비용 또한 만만치 않았다. 또한 품질이 월등하지 않다면 소용없는 일이었다. 로더는 광고 대신 구매고객에게 립스틱과 크림 같은 샘플을 나눠 줬다. 최상의 최신 샘플을 제공받은 고객들은 다시 매장을 찾았고 이는 신뢰로 이어졌다.

현재 에스티로더는 전 세계 150여 개국에 2만 개 가까운 매장을 보유하고 있다. 그리고 계속해서 최고의 매출과 순이익을 경신하고 있다. 이는 창업주 에스티 로더의 도전 정신과 "우리가 만나는 이에게 최고의 것을, 우리가 하는 일에 최선을"이라는 철학이 있었기 때문이다. 그리하여 최고의 품질에 매료된 고객들이 제품을 먼저 찾는 신뢰를 쌓을 수 있었다.

◌ 끊임없이 갈망하라,
● 끊임없이 무모하라

"이봐, 해봤어?"

어디서 많이 들어본 말이다. 많은 이들은 아직도 그의 도전 정신을 기억하고 있다. 누구일까? 그렇다. 현대그룹을 일궈 낸 정주영 회장을 한마디로 설명하는 문구다. 한쪽에서는 저성장기를 운운하며, 다른 한쪽에서는 창업을 종용하며 이 말을 하곤 한다. "이봐, 해봤어? 일단 해보고 말을 해!"

한 기업을 이끌어 갈 수 있는 동력은 무엇일까? 바로 기업가 정신 entrepreneurship이다. 이는 사람으로 치면 심장과도 같은 중요한 핵심이다. "이봐, 해봤어?"라는 정주영 회장의 말은 기업가 정신을 단적으로 보여 준다고 할 수 있다. 기업 경영의 핵심이라 불리는 기업가 정신은 프랑스어에서 유래했다. 그 뜻을 풀이하면 '시도하다', '모험하다' 등을 의미한다. 결국 위험과 불확실성을 무릅쓰고 이윤을 추구하고자 하는 기업가의 모험적이고 창의적인 정신을 가리킨다.

기업가 정신에 대해 최초로 체계적 접근을 시도한 학자는 혁신으로 유명한 조지프 슘페터다. 그는 기술 혁신을 통해 창조적 파괴에 앞장서는 기업가의 노력이나 의욕을 기업가 정신이라고 정의했다. 어떤 이들은 기업가의 개인적인 특성으로서 기업가 정신을 정의하기도 했다. 그들은 기업가 개인의 사회심리적 특성에 집중했는데 성취 욕구,

자유실천의지, 위험 감수 성향 등 심리적 특성을 강조했다. 한마디로, 기업가 정신이란 가치 있는 뭔가를 창조하는 과정으로서 끊임없이 도전하는 행동 특성을 의미한다고 볼 수 있다. 그렇다면 기업가 정신은 왜 중요한 걸까?

기업가 정신은 도전, 창의, 혁신이란 말로 대표된다. 그래서 세상과 역사를 바꾸는 원동력이 돼왔다. 지금은 기업이나 경제뿐만 아니라 정치, 문화, 사회를 아우르는 변화의 키워드가 됐다. 더 나은 것을 위해 혁신하고, 세계로 시야를 넓히고, 고난에 굴하지 않는 마인드다. 이는 도전가들의 특징과 같다. 공사도 시작하지 않은 공장 부지의 사진과 500원짜리 지폐에 그려진 거북선을 보여 주고 선박을 수주한 정주영 회장의 일화 역시 불굴의 도전 정신을 보여 준다. 삼성그룹의 반도체 투자 결정도 마찬가지다. 당시 성공을 장담하기 어려웠고 그룹 전체가 타격을 받을 수도 있는 상황이었음에도 불구하고 과감히 도전한 것이다.

미국 스탠퍼드대학교에서 스티브 잡스가 남긴 축사 '끊임없이 갈망하라, 끊임없이 무모하라'Stay Hungry, Stay Foolish 역시 도전 정신의 정수를 표현하고 있다. 자신이 세운 애플에서 쫓겨났고, 다시 복귀해서 애플을 세계 최고의 기업으로 만든 그의 도전과 열정은 많은 이들에게 귀감이 되고 있다. 그렇다면 기업가 정신은 어떻게 발현되는 것일까?

전문가들은 도전과 혁신이 필요하다고 말한다. 도전과 혁신은 기업가 정신의 핵심 요소다. 이를 위해선 '오픈 이노베이션'Open Innovation이 필요하다. 개인과 조직과 사회가 하나의 생태계를 만들어 가야 그 기능을 제대로 발휘할 수 있다.

대표적인 예가 실리콘밸리다. 지칠 줄 모르는 벤처 기업들의 도전과 혁신은 대기업의 경제력과 만나 시너지를 낸다. GM이 100여 년 전이나 지금이나 업계 1위를 고수할 수 있는 것은 매년 40여 개 회사와의 M&A를 통해 새로운 성장 동력을 만들어 내기 때문이다. 노키아 역시 2009년 몰락하기 시작하면서 4만 명의 직원이 해고됐고 이는 핀란드 경제에 막대한 타격을 입혔다. 하지만 2012년 핀란드는 다시 회생했다. 노키아의 젊은이들이 창업을 통해 새로운 성장 동력을 만들어 냈기 때문이다. 이것이 기업가 정신의 힘이다.

이런 기업가 정신이 투철한 사람들에겐 어떤 공통점이 있을까? 첫째, 그들은 강한 성취 욕구와 성장 욕구를 갖고 있다. 그들은 다른 사람들과 비교되고 평가받는 것을 싫어한다. 그저 스스로 정한 도전적 목표 달성에 몰입한다. 그리고 늘 새로운 목표와 기준점을 세우고 혁신을 꿈꾼다. 그들은 언제나 도전적이고 진취적이며 열정적으로 노력한다.

둘째, 그들은 신속하게 결단을 내릴 줄 알고 기다릴 줄 안다. 기회를 빨리 포착할 뿐 아니라 능동적으로 생각하고 행동한다. 어떤 일에 대한 신속한 의사결정과 강한 실행력을 지녔다. 특히 위험(리스크)에 대한 판단이 빠르고, 성공 가능성이 보이면 힘들어도 포기하지 않고 기다릴 줄 안다.

셋째, 그들은 늘 긍정적일 뿐 아니라 탁월한 유머 감각을 지녔다. 자신에 대해서는 냉철하고 현실적이지만 매사에 긍정적 마인드를 갖고 문제를 해결해 나간다. 그리고 어려운 여건에서도 유머를 잃지 않는 여유가 있다.

넷째, 그들은 타산지석을 통해 '일신우일신'日新又日新(날이 갈수록 새로워짐)을 실천한다. 다시 말해 실패를 통해 새롭게 배우는 것을 즐긴다. 타인의 피드백을 효과적으로 활용하고 자신의 잘못을 수정할 줄 안다. 또한 실패에 대해 실망하지도 두려워하지도 않는다. 실패를 통해 배우려는 의지가 강하기에 늘 희망을 품고 위기를 기회로 바꾸는 능력이 탁월하다.

○ 무모한 도전을
◉ 계속하게 만드는 힘

최근 대학생들 사이에 이슈가 되고 있는 키워드는 단연 스타트업 start up일 것이다. 좋은 아이디어만 있다면 '대박'을 터뜨릴 수 있다는 환상을 심어 주기 때문이다. 실제로 많은 성공 사례들이 소개되고 있지만 성공 확률은 별로 높지 않다. 하버드비즈니스스쿨에서 2004년부터 2010년까지 2,000개의 스타트업 회사들을 조사한 결과 무려 95퍼센트가 실패한 것으로 드러났다.

아마도 실패하게 된 원인은 다양할 것이다. 하지만 그런 중에서도 성공한 스타트업 기업들은 실패를 통해 배우고 또다시 도전하는 무모함을 지녔다는 공통점이 있다. 이들의 무모한 도전은 어디에서 나오는 것일까? 바로 원대한 꿈이다. 이 원대한 꿈을 위해 무모한 도전을 계속하는 사람이 있다. 영화《아이언맨》의 실제 모델이라고 알려진 일론 머스크Elon Musk가 주인공이다.

스타트업으로 가장 성공한 CEO 일론 머스크의 이름은 익숙하지 않지만 테슬라모터스는 누구나 다 알고 있을 것이다. 사람들은 그를 혁신의 아이콘 테슬라의 CEO로 알고 있지만 그의 도전의 역사는 어렸을 적 원대한 꿈에서부터 시작됐다.

1971년 남아프리카공화국 프리토리아에서 태어난 캐나다계 미국인인 머스크는 엔지니어였던 아버지의 영향으로 과학에 관심이 많았다. 우주 탐사를 꿈꾸며 언젠가 지구를 구원하겠다는 소망을 품었고, 열두 살 때 블래스타Blastar라는 비디오게임을 만들어 500달러에 판매할 정도로 실력이 만만치 않았다. 평소 에디슨과 테슬라를 존경했던 그는 훗날 자신과 인류의 미래를 위해 원대한 꿈을 꾸었다. 인터넷, 우주, 청정에너지가 그것이다. 여기에는 지구의 미래를 걱정하는 그의 철학이 그대로 담겨 있다.

머스크의 꿈은 1995년 실리콘밸리로 넘어오면서 시작됐다. 스탠퍼드대학교 박사과정에 입학하자마자 자퇴를 감행하고 동생과 함께 집투Zip2라는 스타트업을 설립했다. 이 지역 포털서비스는 창업 4년 만에 컴팩의 자회사였던 알타비스타에 3억 7,000만 달러에 매각됐다. 고작 스물여덟의 나이에 백만장자가 된 것이다. 그러나 그는 멈추지 않았다. 이번엔 온라인 금융시장에 뛰어들어 자신의 재산 절반을 투자해 엑스닷컴X.COM을 창업했고 이윽고 합병을 통해 페이팔Paypal을 인수했다. 그리고 2002년 이베이에 15억 달러에 매각했다. 두 번째 잭팟의 순간이었다.

하지만 그는 멈추지 않았다. 2002년 그의 숙원 사업이었던 스페이스엑스Space X를 창업한 것이다. 이름에서 알 수 있듯 이 기업은 우주항공회사다. 일반인들을 대상으로 화성 관광을 최종 사업 목표로 잡았다. 그는 여기에 대부분의 재산을 쏟아부었고 직접 우주항공 분야를 독학하면서 CEO이자 CTO로 스페이스엑스를 이끄는 열정을 보였다.

이게 끝이 아니었다. 2004년 청정에너지라는 그의 마지막 숙원 사업에 뛰어든 것이다. 그는 테슬라모터스에 과감한 투자 결정을 내렸다. 하지만 곧 시련이 닥쳐 2008년 막대한 자금을 들였던 팰콘이 연속 세 차례나 궤도 진입에 실패했다. 2년이면 출시된다던 테슬라의 '로드스터'는 4년이 넘어서야 모습을 드러냈다. 자그마치 1억 4,000만 달러를 투자한 프로젝트였다. 자금이 부족해지자 투자자들은 등을 돌렸고 아내와 결별하는 아픔까지 겪어야 했다.

2008년 머스크는 파산 직전까지 몰려 모든 희망이 사라지는 듯 했다. 하지만 원대한 꿈을 향한 그의 도전을 신은 외면하지 않았다. 2008년 말 미항공우주국NASA으로부터 전화 한 통이 걸려 온 것이다.

16억 달러의 계약 체결이었다. 2012년부터 2015년까지 12번 우주를 왕복하며 우주에서 필요한 물자나 우주인을 실어다 주는 계약이었다.

꿈이 실현됐다. 2010년 첫 로켓 발사에 성공했고 2012년 5월 무인우주화물선이 임무 수행을 마쳤다. 머스크는 전 세계에서 네 번째, 민간 기업으로선 최초로 우주선을 보낸 사람이 됐다. 테슬라도 고속 성장을 하고 있다. 전기자동차 판매가 5만 대를 넘어섰고 시가총액은 30조 원에 육박한다. 그는 앞으로 20년 동안 새로 만들어지는 자동차의 절반은 전기자동차가 될 것이라고 말한다.

그의 무모한 도전은 어디까지 이어질까? 아직도 끝나지 않았다는 데 손을 들어 주고 싶다. 인류의 미래를 변화시키기 위해 그는 또 다른 무모한 도전을 시도하지 않을까? 도전과 관련해 그가 전하는 조언은 다음과 같다.

첫째, 어떻게 돈을 벌 것인지도 중요하지만 자신이 어떻게 생각하는지에 집중하라. 머스크는 페이팔 사업을 하면서 많은 생각을 했다고 한다. 바로 인류의 미래에 가장 큰 영향을 끼치는 것이 무엇인지에 대한 생각이었다. 돈을 버는 것에 집중하면 도전은 멈추지만, 원대한 꿈에 집중하면 끊임없이 도전한다고 그는 말한다.

둘째, 절대 포기하지 마라. 끈기의 중요성에 대해 피력했던 그의 인생에 포기란 없었다. 2008년 파산 직전까지 갈 때도 그는 포기하지 않았다. 혹자는 그가 운이 좋은 사람이라고 하지만 끈기 있게 자신의 꿈을 놓치지 않고 도전했기에 성공할 수 있었다.

셋째, 정말로 열심히 일하라. 머스크는 일주일에 80~100시간 정도 일해야 한다고 말한다. 그것이 성공의 지름길이기 때문이다. 만일 다른 사람들이 일주일에 40시간을 투입한다면 같은 일에 100시간을 투입하라고 그는 조언한다. 그래야 다른 사람들이 1년 걸릴 일을 4개월 만에 달성할 수 있다는 것이다.

페이팔 초기 멤버였던 유튜브 창업자 스티브 첸Steve Chen은 머스크에 대해 이렇게 말했다. "어느 누가 그렇게 많은 돈을 벌었을 때 전 재산을 새로운 사업에 투자할 수 있겠는가? 일론 머스크처럼 새로운 분야에 자신의 모든 것을 계속해서 던지는 사람은 본 적이 없다. 긍정적이고 미래에 대한 강한 신념이 없이는 못할 일이다."

그의 원대한 꿈, 그리고 명확한 목표 의식은 세상을 변화시켰고 그가 무모한 도전을 계속하게 만드는 원동력이었다.

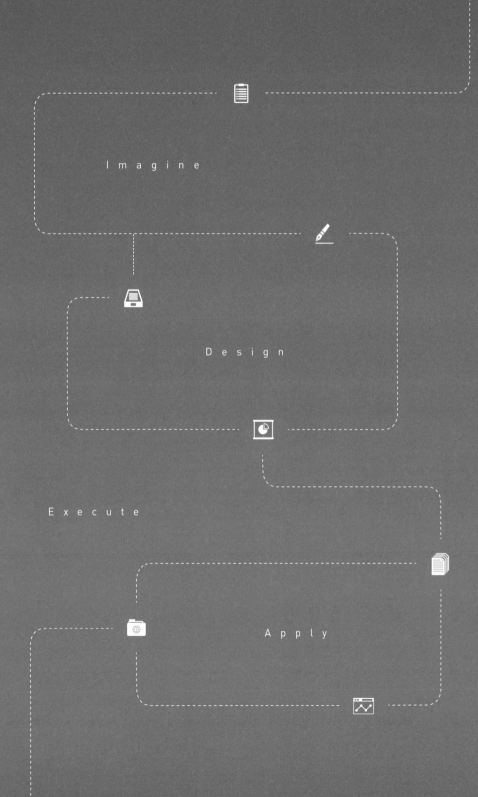

Imagine

Design

Execute

Apply

Part 4

Apply

경험은 또 다른
아이디어의 밑거름

아이디어를 만들어 내고 실행해 본 과정과 경험은 또 다른 창의적인 아이디어의 밑거름이 된다. 창조의 시대에서 미래는 더 이상 꿈꾸는 것이 아니라 놀라운 상상을 현실로 만드는 과정의 연속이다. 이를 위해서는 나눔과 확산이 필요하다. 이 두 가지가 또 다른 아이디어를 잉태시키는 매개체 역할을 하기 때문이다. 멋지게 실행됐든, 실행에 실패했든 나눔은 그 자체로 창의성을 증대시킨다. 따라서 모든 일을 철저하게 기록하고 정리하는 기록자recorder가 되고 나눔과 확산의 바이러스 역할을 담당하는 스토리텔러story-teller가 돼야 한다. 때론 도전과 용기가 필요할 것이고, 좌절과 패배도 뼈저리게 느낄 것이다. 성공을 통해서는 경험을 얻고, 실패를 통해서는 교훈을 얻는 긍정가positive thinker와 열정가passioneer의 자세가 필요하다.

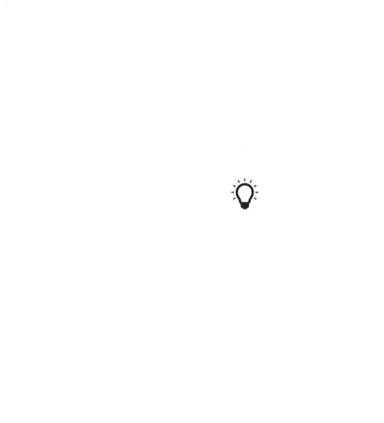

1 기록

• 철저하게 기록하고
; 정리하라

R E C O R D E R

인류의 역사를 바꾼 천재이자 가장 창의적인
인물을 꼽으라면 누가 떠오르는가? 수많은 인물들이 머릿속을 스쳐
갈 것이다. 2015년 영국 과학 전문지 《네이처》Nature는 인류 역사를 바
꾼 세계 10대 천재 중 1위에 레오나르도 다빈치의 이름을 올렸다.

사실 그의 이력을 나열하자면 정신이 없을 정도다. 화가, 발명가,
음악가, 해부학자, 과학자, 철학자, 건축가, 생물학자 등. 이조차도 빙
산의 일각이라고 하니 입이 떡 벌어진다. 이렇게 많은 분야를 섭렵한

사람이 있을까? 더 당황스러운 것은 그가 이 모든 분야에서 당대 최고라는 칭송을 받았다는 사실이다. 어떻게 가능했을까? 여기에는 기록의 비밀이 숨겨져 있다.

레오나르도 다빈치의 최고 걸작이 무엇이냐는 질문에 사람들은 주저 없이 두 가지를 꼽는다. 하나는 〈모나리자〉고 다른 하나는 〈최후의 만찬〉이다. 그런데 사실 그를 천재의 반열에 올린 최고의 걸작은 따로 있다. 그것은 바로 '비밀 노트'다.

이탈리아 북부에 위치한 밀라노의 암브로시아나 도서관에는 가톨릭교회가 수백 년간 보관해 온 레오나르도 다빈치의 비밀 노트 '코덱스 아틀란티쿠스'Codex Atlanticus가 있다. 여기서 코덱스란 낱장을 묶어서 책의 형태로 만든 고문서(필사본)를 말한다. 1,119페이지에 이르는 다빈치의 코덱스는 자연현상과 과학기기 발명에 대한 아이디어를 스케치, 설계도 등으로 기록한 연구 노트다. 그런데 노트에는 과학 관련 기록뿐 아니라 요리법, 농담, 우화, 당대 학자들의 사상, 발명 계획, 해부학, 식물학 스케치 등 온갖 기록과 그림으로 가득 차 있다. 물론 공학과 과학 관련 내용들도 다수 포함돼 있다. 비행기 날개, 낙하산, 회전무대, 공성 기계, 기중기, 다연장포와 장갑차, 잠수함 등 인류 최초의 발명품들을 구상한 설계도가 그려져 있다.

현재 남아 있는 코덱스는 6,000페이지 정도라고 한다. 하지만 고증에 따르면 그가 살아 있을 때 남긴 노트의 분량은 대략 1만 4,000여페이지가 된다니 실로 엄청난 분량이다. 재미있는 사실은 다빈치가 자신과 제자들만이 알아볼 수 있도록 오른쪽에서 왼쪽으로 글씨를 썼다는 점이다. 일명 '거울 글씨'라 불리는 이 글을 읽기 위해선 거울을 직각으로 세워 들여다봐야 한다. 다빈치는 왜 그렇게 쓴 것일까? 이유는 두 가지였다. 그는 왼손잡이였고 자신이 진행하고 있는 연구 내용을 비밀에 부치고자 했다. 당시만 해도 그의 생각은 파격적이어서 가톨릭 교단에서 이단으로 여길 만한 내용들이 많았기 때문이다.

1981년 러시아 상트페테르부르크의 예레미타즈 박물관에서 오래된 노트 한 권이 발견됐다. 그것은 레오나르도 다빈치의 또 다른 비밀 노트였다. '코덱스 로마노프'codex Roamnoff라는 이 노트는 19세기 러시아의 로마노프 왕가에서 구입했다고 전해진다. 놀라운 것은 이 노트에 그만의 독특한 요리 레시피를 비롯해 식사 예절과 식이요법, 그리고 그가 생각하는 이상적인 부엌 디자인, 각종 희귀한 조리 기구의 설계도 등이 자세히 그려져 있었다는 점이다.

노트가 공개되자 '요리사 다빈치'에 대한 연구가 줄을 이었고, 30년간 그가 이탈리아 스포르자 궁전의 연회 담당자로 일했던 경력이 밝혀졌다. 그의 요리관은 지나치게 독특해서 사람들에게 인정받지 못했지만 포크, 스파게티 면을 뽑는 기계, 후추 가는 도구, 와인 오프너, 자동고기구이 등 다양한 조리 기구를 발명했다.

더 재미있는 사실은 그의 최고 명작인 〈최후의 만찬〉에 대한 일화다. 이 작품은 약 3년 정도 걸려 완성됐다고 전해지는데, 이 기간은 예수와 열두 제자의 얼굴을 그리는 데 소모된 시간으로 알려져 있었다. 그런데 반전이 일어났다. 실제로 그가 작품 속 인물을 그린 시간은 단 3개월이었다. 나머지 기간에는 오로지 최후의 만찬 식탁에 오를 음식을 선정하기 위해 직접 만들고 맛을 보느라 허비했다는 것이다. '코덱스 로마노프'가 아니었다면 상상도 못 했을 사실이다. 말도 안 되는 이야기 같지만 그의 기록들이 밝혀지면서 점점 진실일 가능성도 높아졌다.

많은 사람들은 레오나르도 다빈치를 위대한 화가라고 생각한다. 하지만 일생 동안 그가 완성한 작품은 고작 12점뿐이다. 그럼에도 이 12개 작품은 인류 역사상 가장 위대한 작품으로 칭송받고 있다. 더군다나 그는 그림을 그리기보다는 뭔가를 기록하면서 더 많은 시간을 보냈다고 한다. 성인이 돼서는 하루에 석 장 정도 기록을 남겼다고 전해진다.

그는 당시 가장 위대한 화가였지만 그림이 목적이 아니었다. 그림은 자신의 연구를 자세히 남기기 위한 도구에 불과했던 것이다. 또한 그의 노트에는 갖가지 질문 거리들이 적혀 있다. 그는 적당한 사람을 만나면 늘 질문 공세를 퍼부었다고 한다. 기록은 그의 인생에 어떤 의미였을까? 그 답 역시 그의 기록 속에 있다.

젊은 날은 영원하지 않다. 불현듯 나이가 들어 있다. 인생이란 참으로 덧없는 것처럼 보이지만 지혜로운 사람들에겐 충분한 시간이다. 그저 조용히 살다 가면 무슨 의미가 있겠는가? 세상에 이름을 떨치지 못한

자는 바람에 실려 가는 연기와 같다. 그래서 난 나의 모든 기억을 다른 이들에게 남기고 떠나려 한다.

어쩌면 레오나르도 다빈치는 철저한 경험주의자였을지도 모른다. 그의 천재성은 호기심과 관찰에 기반한 것이다. 그 모든 것을 철저하게 분석하고 기록했기에 천재로 불릴 수 있었던 것이다.

○● 천재는 모두 지독한 메모광이었다

카이사르, 다빈치, 에디슨, 링컨, 빌 게이츠, 슈베르트, 아인슈타인, 뉴턴, 프랭클린. 이들의 공통점은 무엇일까? 누구나 한 번쯤 이름을 들어 봤을 만한 당대의 천재이자 성공한 사람들이다. 그런데 이들은 모두 메모하는 습관을 가지고 있었다. 습관을 넘어 이들은 '메모광'이었다.

역사상 천재로 불렸던 인물 301명의 일상 습관을 조사한 미국의 심리학자 캐서린 콕스Catherine Cox는 재미있는 사실을 발견했다. 성격도 다르고 분야도 다른 이들의 한 가지 공통점은 자신의 머릿속에 떠오르는 생각을 종이에 기록하는 습관을 갖고 있었다는 것이다. 그중에서도 특히 아인슈타인의 일화는 유명하다. 어느 날 그를 인터뷰하던

기자가 전화번호를 물어보자 그는 수첩을 꺼내 펼쳤다. 잠시 당황한 기자는 조심스럽게 물었다. "설마 집 전화번호를 기억하지 못하시는 건 아니죠?" 그러자 아인슈타인은 이렇게 대답했다. "적어 두면 쉽게 찾을 수 있는 걸 굳이 기억하고 있을 필요가 있나요?" 그는 메모를 통해 두뇌를 효율적이고 창조적으로 활용했다. 만년필, 종이, 휴지통 세 가지만 있으면 어느 곳이든 연구실이 될 수 있다고 생각했고 아무리 작은 생각도 늘 기록을 남겼다.

뉴턴 역시 노트광이었다. 세상을 바꾼 그의 창조성은 연구 노트에서부터 시작됐다고 해도 과언이 아니다. 뉴턴은 어린 시절부터 사소한 내용까지도 기록하는 습관이 있었다. 그리고 정리된 노트를 버리지 않고 모아 두었다. 그의 노트 정리 방법은 독특했다. 먼저 큰 제목을 정하고 이를 다시 여러 개의 소제목으로 분류했다. 그리고 그 아래에 독서에서 얻은 내용을 정리했다. 이 방법은 읽은 내용을 요약하고, 그 내용을 기반으로 도출되는 결과를 기록하며, 실제 상황에 접목되는지 검증하는 단계로 진행된다. 훗날 과학자들은 뉴턴의 노트가 인류의 위대한 과학이 샘솟은 원천이라고 칭송했다. 꼼꼼히 생각을 정리해 놓은 노트에서 그의 과학이 시작된 것이다.

미국 역사상 가장 위대한 대통령이라 불리는 에이브러햄 링컨 역시 메모광이었다고 한다. 정규 교육을 제대로 받지 못했고 가난 때문에 불우한 어린 시절을 보냈지만 읽고 쓰고 외우는 일은 평생 동안 했다. 젊은 시절에는 책을 읽다 특별히 마음에 와 닿는 구절이 있으면 늘 메모를 했다. 종이가 없을 때는 널빤지에 적었고, 평소에는 스크랩북을 만들어 늘 몸에 지니고 다녔다. 그리고 수많은 장편의 시 구절과 연설문을 읽고 또 읽었다고 한다. 평소에 링컨이 늘 쓰고 다니던 모자는 특별한 모자였다. 이 모자는 '움직이는 사무실'로서 그 안에 늘 종이와 연필이 있었다. 걸어 다닐 때 갑자기 떠오르는 생각이나 남들에게 들은 말을 언제든 기록하기 위함이었다.

백열전구, 축음기 등 1,300여 점의 특허를 보유한 발명왕 에디슨은 어렸을 적부터 난청을 앓았고 초등학교를 중퇴한 전력의 소유자였다. "천재는 1퍼센트의 영감과 99퍼센트의 노력으로 만들어진다."라는 그의 말에는 사실 엄청난 양의 메모가 숨어 있었다. 발명을 위해 그는 평생 총 3,400여 권의 노트를 썼다. '500만 장의 메모'라 불리는 이 기록들은 오늘날 발명왕의 칭송을 받게 해준 장본인이다.

이처럼 성공한 사람들 대부분은 메모하는 습관이 있었다. 그렇다면 메모에는 어떤 능력이 숨겨져 있는 것일까?

미국의 심리학자 리처드 애킨슨Richard Atkinson과 리처드 시프린Richard Shiffrin은 기억에 대한 재미있는 사실을 발표했다. 이들은 기억 저장고들을 시간의 흐름에 따라 배열된 일련의 단계들로 봤다. 정보가 입력되면 이 단계들을 차례로 경유하게 되는데 감각기억, 단기기억, 장기기억의 세 가지 기억 저장고가 있다. 그 과정을 살펴보면 첫 번째는 정보를 매우 짧은 시간에 저장하는 감각기억이다. 감각 정보가 인지 체계에 처음 등록되는 곳으로 시각기억의 경우 정보는 1초 이내, 청각기억의 경우 정보는 2초 정도까지 유지된다. 두 번째 단계는 매우 제한된 용량을 가진 단기기억이다. 감각기억에 등록된 정보 가운데 주의집중을 받은 일부 정보들은 단기기억으로 전이된다. 이 영역에서 정보의 저장은 15~30초 정도 유지된다. 마지막으로, 학습과 반복에 의해 장기기억 영역으로 들어올 경우 수 분 혹은 수십 년까지 영구 저장이 가능하다.

우리의 뇌는 외부 환경에 의해 자극을 받을 때 주의를 기울이지 않으면 1~2초 내에 그 기억을 잊어버린다. 그런데 약간의 주의(관찰)를 기울이면 단기기억으로 넘어와 15~30초 정도 기억한다는 것이다. 이때 메모가 위력을 발휘한다. 자칫 30초 안에 없어질 정보를 메모라는 외부 기억보조장치를 통해 보관하는 것이다. 결국 머릿속에 떠오른 생각을 기록하는 행위는 잠재의식을 일깨우는 과정이다.

메모의 이용 형태를 연구한 학자들에 따르면 메모는 기억의 보조, 장기적인 보관, 생각의 외재外在화, 경험의 기록과 활용, 미적 또는 감성적 자극 등의 역할을 한다고 한다. 기억과 사고 과정에서 메모가 얼마나 중요한지 말해 주는 대목이다.

메모를 하는 사람들은 동기가 강한 사람들이다. 긍정적이고 열정적인 성향을 지니며 매사에 적극적이다 보니 뛰어난 능력을 발휘할 수밖에 없다. 독일 속담에 '기억력이 좋은 머리보다 무딘 연필이 더 낫다.'라는 말이 있다. 아무리 머리가 총명해도 메모를 열심히 하는 습관보다 못하다는 격언이다. 일상에서 늘 메모하는 습관을 들여 보자.

○ 평범한 일상을 바꾸는
● 창의적 메모 레시피

"기록하고 잊어라. 기록은 기억보다 강하다."라는 말이 있다. 어떤 의미일까? 메모란 단지 잊어버리지 않기 위해서 하는 것일까? 그렇지 않다. 메모란 기록한 후 잊기 위해서 하는 것이라고 전문가들은 말한다. 천재라 불리는 이들도 메모는 단순한 기억의 보조장치가 아니라고 강조한다. 안심하고 잊을 수 있다는 건 항상 두뇌에 여유가 있다는 것을 뜻한다. 우리의 머리를 창의적으로 쓸 수 있는 준비가 돼 있다는 뜻이기도 하다.

그렇다면 창의적인 생각은 어떤 과정을 통해 만들어질까? 최근 뇌 과학자들이 밝힌 바에 따르면 이는 서로 다른 영역의 충돌에 의해 생성된다고 한다. 창의적인 생각을 할 때 두뇌의 서로 다른 영역이 반응하는 것과 같은 맥락이다. 따라서 메모는 가장 강력한 도구가 될 수 있다. 생각의 융합이 일어나고 창의성이 시작되는 순간인 것이다. 창의적 인재들은 메모를 습관화했고 그 기록들을 노트로 만들었다. 다양한 분야에 관심이 많았던 그들은 메모를 통해 여러 분야의 지식을 충돌시켰다. 그리고 그 안에서 아이디어를 만들어 낸 것이다. 창의적인 생각을 만들어 내는 방법도 그와 같다.

《메모 습관의 힘》이라는 책에서는 창의성을 기르는 메모 활용법을 5단계로 나누고 있다. 첫 번째 단계는 잠재의식 속에 표식을 남기는 것이다. 명확한 목표를 메모하고, 해결해야 할 문제를 노트에 메모하라. 이는 창의적 문제 해결 과정에서 문제를 명확하게 정의하는 단계와 같다.

두 번째 단계는 영감의 재료를 모으는 단계다. 다양한 분야의 책을 읽고 메모하고 주변을 관찰하며 메모하라. 웹페이지를 스크랩하거나 사진을 찍어서 정보를 수집할 수도 있다. 갑자기 떠오르는 생각을 메모하는 것도 잊지 말자. 이렇게 모은 메모들은 다양한 분야에 흩어져 있는 영감이 된다.

세 번째 단계는 지금까지 기록한 메모들을 다시 보는 것이다. 책을 훑어볼 수도 있고 모아 놓은 자료를 볼 수도 있다. SNS를 통해 지인들과 공유하는 것도 방법이다. 이렇게 다양한 채널로 들어오는 정보들은 서로 다른 생각을 충돌시키고 기존에 생각지 못했던 아이디어들을 만들어 낸다.

네 번째 단계는 다시 메모를 하는 단계다. 갑자기 떠오르는 수많은 아이디어들을 메모를 통해 기록하는 것이다. 이를 위해 노트와 필기구는 늘 몸에 지녀야 한다. 녹음기나 메모 관련 디지털 디바이스를 활용해도 좋다. 아이디어를 메모하고 좋은 아이디어를 붙잡는 단계라고 보면 된다.

마지막 단계는 후보 아이디어들을 구체화하는 작업이다. 미처 생각지 못했던 빈틈을 찾거나 자료를 보충하고 이를 논리적인 글로 옮기는 것이다.

이처럼 메모하는 습관은 다양한 영역에서 그 위력을 발휘한다. 단순한 메모 한 장이 인생의 목표가 되기도 하고 삶의 영역을 확장시키는 촉매 역할을 하기도 한다. 창의성을 발현시키는 도구로 활용할 수도 있고 우리의 삶을 관찰자로 만들어 주기도 한다. 문제는 어떻게 효율적으로 메모를 할 것이냐다.

메모의 위력을 알았다면 지금 당장 메모를 시작해야 한다. 그리고 꾸준히 해야 효과가 있다는 것도 안다. 그런데 매일같이 습관처럼 메모하는 사람은 드물다. 왜일까? 메모에 대한 명확한 목표가 없기 때문이다. 창의적인 인재들은 목적에 맞는 메모를 했다. 뉴턴은 관심 분야 목록을 만들어서 메모했고, 링컨은 다양한 지식 습득과 연설문을 작성하기 위해 메모했다. 과학자들은 자신이 연구한 것을 기록하기 위해 메모한다. 레오나르도 다빈치는 메모를 남기기 위해 그림을 배웠다. 이제 메모를 위한 목적이 명확해졌다면 효율적인 메모 방법에 대해 알아보자.

일본의 밀리언셀러 작가 나카지마 다카시는 메모하는 사람들의 유형을 세 가지로 분류했다. 첫 번째는 '무관심한 마이동풍형'이다. 이들은 메모를 하되 남의 말을 귀담아듣지 않고 자신의 생각을 적지 않는 유형이다. 두 번째는 '빠짐없이 그대로 베끼는 유형'이다. 말 그대로 토씨 하나 틀리지 않고 모든 내용을 기록하는 사람을 말한다. 세 번째는 가장 효율적인 메모 습관으로 '물고기 잡는 유형'이라고 한다. 이들은 자신의 생각과 함께 핵심만 정리한다. 표현 방식 역시 그림, 암호,

숫자, 부호 등 다양하게 활용한다. 본인이 알아볼 수 있으면 상관없기 때문이다. 대부분 이런 유형의 메모광들은 문제의 핵심을 잘 파악하고 일처리가 빠르다. 그리고 창의적인 생각을 쉽게 떠올린다. 다음은 이 물고기 잡는 유형들이 사용하는 메모 비법이다.

첫째, 언제 어디서나 메모하라. 그러기 위해선 메모할 준비가 돼 있어야 한다. 머릿속에 떠오른 생각을 그 자리에서 바로 기록하는 것이 가장 기본이 된다. 문득 떠오른 아이디어, 길거리의 진기한 풍경, 일상생활 속의 영감들, 다양한 경험들 등 눈에 보일 때마다, 머릿속에 떠오를 때마다, 귀에 들릴 때마다 기록한다. 항상 메모 도구를 지참하라. 반드시 종이와 필기도구를 가지고 다닐 필요는 없다. 녹음기, 카메라, 휴대폰 등 다양한 도구를 활용하라.

둘째, 적절한 기호와 암호, 그림을 활용하라. 글씨는 메모의 속도를 느리게 한다. 그리고 구체화된 문장은 사람의 사고를 경직시킨다. 이해하려는 노력이 상상력을 방해하는 것이다. 본인이 알아볼 수 있는 기호와 암호를 활용하거나 그림을 그리면 상상을 통해 사고력을 확장시킬 수 있다. 이는 디자인 씽킹 사고법에서 프로토타입을 만드는 과정과 비슷하다.

셋째, 중요한 내용은 눈에 띄게 작성하라. 메모의 목적은 핵심을 파악하고 기억하기 위한 것이다. 많은 양의 메모를 하다 보면 문제의 핵심이 무엇인지 모호해지는 경우가 많다. 단순히 베끼거나 자신의 의견이 사라진 채 글씨만 남아 있는 경우가 파다하다. 중요한 부분에는 밑줄을 긋거나 동그라미로 표시해서 강조하라. 다른 색으로 표시하는 것도 좋다. 시간이 허락한다면 기호를 활용해 내용이 분류될 수 있도록 만들어 보자.

넷째, 자신만의 데이터베이스를 구축하라. 처음부터 항목을 분류해 가며 메모를 진행하기는 어렵다. 따라서 한 노트에 메모를 하는 것도 좋은 방법이다. 이것저것 다른 노트에 메모를 하게 되면 잊어버리기 쉽고 재활용이 어렵다. 어떤 형태로든 남겨진 메모는 훗날 효력을 발휘하지만 어떤 방식으로 관리하느냐에 따라 그 효과는 열 배, 아니 백 배로 증가할 수 있다. 그래서 일주일에 한 번 정도는 메모를 정리하고 분류해서 데이터베이스로 만드는 작업이 필요하다.

다섯째, 계속해서 재활용하라. 재활용을 하지 않는 메모는 단순한 기억보조장치에 지나지 않는다. 그리고 어느 정도 시간이 흐르면 보지도 않는 쓰레기로 전락하고 만다. 재활용하기 위해서는 먼저 수시로 메모를 정리해야 한다. 시간별, 주제별 분류가 필수적이다. 이전의 메모를 다시 읽어 보는 습관도 중요하다. 다시 읽지 않으면 정리가 무슨 소용이 있겠는가?

마지막으로, 정리된 노트를 늘 지니고 다녀라. 그때그때 궁금한 내용을 찾아보고 읽어 볼 수 있어야 하기 때문이다. 이를 위해 모바일 디바이스를 활용해 보자. 자료를 정리하고 분류해서 태그$_{tag}$를 통해 검색할 수 있도록 만드는 것이다. SNS나 메모 관련 앱을 통해 바로바로 캡처하고 스크랩하며, 태그를 통해 검색이 가능하도록 만들어 보자. 어느 순간 메모는 나를 위한 최고의 지식과 생각이 돼 있을 것이다.

메모하는 습관은 일과 삶을 바꾼다고 한다. 틈틈이 메모하는 습관을 들이면 평범한 일상이 비범한 순간들의 연속으로 바뀌는 기적을 경험할 것이다.

2 스토리텔링

- 내러티브는 삶을 모방하고
, 삶은 내러티브를 모방한다

S T O R Y - T E L L E R

2014년 4월 초, 서울 시내는 영화 촬영으로 시끄러웠다. 2주간 진행된 촬영으로 시내 곳곳이 통제됐고 촬영 장면을 보기 위해 모인 시민들로 북적였다. 한편에서는 촬영 허가 논란과 함께 경제적인 효과를 놓고 갑론을박을 벌였다. 영화 한 편이 얼마나 대단하다고 이렇게 시끄러웠을까? 그 주인공은 바로 마블Marvel의 《어벤져스: 에이지 오브 울트론》이었다.

이 영화는 당시 한국에서 1,000만 명이 넘는 관객을 모았고 14억 달러의 수익을 거둬 역대 영화 매출 순위 7위를 차지했다. 이 영화는 개봉 전부터 이슈를 만들어 나갔다. 전작인《어벤져스》가 역대 영화 매출 5위를 차지하면서 그 존재감이 확실한 것도 있었지만 한국 촬영이라는 이슈가 분위기를 더욱 띄운 것이다. 한국 배우의 출현도 한몫했다. 국내 촬영 지원에 비해 20분 안팎의 노출 분량이 실망스럽다는 반응과 적당한 수준이라는 반응이 엇갈렸지만, 흥행만큼은 대박이었다고 말할 수 있다. 한국뿐만 아니라 전 세계에서 흥행에 성공한《어벤져스》의 성공 비결은 무엇일까? 그 답은 원천 콘텐츠가 지닌 힘과 스토리 전개 방식에 있다.

《어벤져스》시리즈는 미국의 유명 만화 브랜드인 마블코믹스Marvel Comics의 주요 캐릭터를 등장시킨 영화다. 1939년 창단한 마블은 지금까지 수많은 슈퍼 히어로를 탄생시켰다. 5,000개가 넘는 캐릭터가 존재하며 각 캐릭터는 자신만의 뚜렷한 세계관을 가지고 있다. 미국의 전쟁영웅 캡틴 아메리카, 천둥의 신 토르, 인크레더블 헐크, 아이언맨 등 마블코믹스의 주요 캐릭터들은 각자 자신의 정체성이 명확하며 크게는 거대한 영웅연맹인 어벤져스에 속해 있다.

마블은《캡틴 아메리카》,《헐크》,《아이언맨》등 시리즈물로 제작된 영화로 큰 성공을 거뒀다. 기존 할리우드 공식에 맞게 한 명의 히어로가 영화 전체를 이끌어 가는 방식이었다. 지금까지 총 10편의 영화로 거둔 수익은 60억 달러나 된다. 하지만 슈퍼 히어로들의 집합체인《어벤져스》시리즈 두 편이 거둬들인 수익은 무려 30억 달러에 이른다.

이 두 편의 영화에는 무슨 비밀이 숨겨져 있을까? 바로 스토리의 재구성이다. 마블은 복잡한 만화 텍스트를 영화화하기 위해 필요한 스토리만 뽑아서 재조합하는 전략을 썼다. 서로 다른 만화에 여러 슈퍼 히어로들을 뒤섞는 것이다. 이들은 평소 자신의 세계에서 활약한다. 하지만 지구를 위협하는 적과 싸울 때는 힘을 합치기 위해 모인다는 설정이다. 이 새로운 스토리가 이미 익숙한 캐릭터들에게 새 생명을 불어넣은 것이다.

각 영화들을 자세히 보면 캐릭터들이 오버랩되는 장면들이 눈에 띈다.《아이언맨》의 주인공 토니 스타크의 아버지 하워드 스타크는《캡틴 아메리카》에 등장한다. 토르의 동생 로키는《어벤져스》에서도 지구를 위협하는 악역으로 나온다.《어벤져스》의 블랙 위도는《아이언맨 2》에 출연해 토니 스타크를 감시하고,《토르: 천둥의 신》의 에릭 셀빅 박사는《어벤져스》에서도 똑같이 박사 역으로 출연해 지구를 위협한다.

이처럼 한꺼번에 모든 슈퍼 히어로들이 등장하는 방식은 예전에는 전혀 생각지 못했던 것이었다. 마블 스튜디오의 수장 케빈 파이기_{Kevin Feige}는 "우리의 강점은 다른 세계의 점을 연결하는 것"이라고 했다. 마블은 영화와 영화 사이를 연결하는 제작사로 그 역할을 스토리가 담당했던 것이다. 이를 통해 사람들이 후속편을 기대하고 상상하게 할 뿐 아니라 익숙한 캐릭터의 또 다른 스토리로 신선함을 전달한다. 우리가《어벤져스》에 열광하는 것은 뻔한 슈퍼 히어로의 캐릭터에 새로운 스토리를 입혀 새 생명을 불어넣었기 때문이다. 그렇다면 스토리는 창의성에 어떤 영향을 미칠까?

◦ 창의적 사고의 척도,
● 스토리텔링

'설동설'이라는 단어를 알고 있는가? 한 방송사에서 언급됐던 이 말은 세상이 이야기를 중심으로 돈다는 의미다. 사람들은 다양한 사건들 속에서 의미를 찾고, 부여하며, 인과관계를 만든다. 과학자들은 오래전부터 이야기를 즐겨 하고 즐겨 듣는 것은 인간의 본능이라고 주장해 왔다. 인지심리학자 로저 섕크Roger Schank는 동료와 함께 진행한 연구에서 인간은 선천적으로 스토리를 이해하도록 만들어졌다고 주장했다. 그래서 이야기는 지식 축적의 핵심으로 기능하고 중요한 정보는 이야기 형태로 저장된다고 한다. 뇌과학자들에 따르면 인간의 뇌에서 이야기를 저장하는 영역은 측두엽으로, 사람들은 단순히 이름이나 얼굴을 기억하는 것보다 기승전결이 있는 이야기를 더 오래 기억한다고 한다.

최근 이야기는 스토리텔링이라는 단어를 통해 주목받고 있다. 기업의 마케팅뿐만 아니라 콘텐츠를 중심으로 한 미디어 산업, 교육계에 이르기까지 그 중요성이 부각되고 있다. 왜 이런 현상이 벌어질까? 스토리에는 강한 파급력과 전염성이 있어 사람들의 마음을 움직이는 힘이 있기 때문이다. 하버드대학교 심리학과 교수 스티븐 핑커Steven Pinker는 이야기가 정보 습득과 대인 관계의 중요한 도구로 활용된다고 말했다. 인류가 집단사회를 이루면서 사회관계가 점점 복잡해졌고, 구성원 간의 정보 교류를 위해 이야기를 사용해 왔다는 것이다. 그만큼 오래 남고 익숙하다는 말이다.

그렇다면 스토리텔링이란 무엇을 의미하는 걸까? 스토리텔링은 스토리story와 텔링telling의 합성어로 알리고자 하는 내용을 재미있고 생생한 이야기 형식으로 전달하는 것을 말한다. 혹자는 불멸의 가치를 전달하는 창작 방법론이라고도 한다. '변하지 않는 스토리'를 '끊임없이 변화하는 텔링'을 통해 전달하는 과정이라는 의미다. 어찌 됐든 스토리텔링 능력은 이야기를 만들어 내는 역량을 의미한다. 스토리의 양과 질은 그 사람의 지적 능력이나 다중지능의 척도가 된다. 따라서 스토리가 풍부하다는 말은 창의력이 뛰어나며 복잡한 문제를 해결할 수 있는 역량이 있다는 말과 같다.

일찍부터 선진국들에서는 스토리텔링 기법을 교육 분야에 적용해왔다. 이야기 구조 학습이 창의력과 상상력, 감성지능을 동시에 발달시킨다는 연구가 있었기 때문이다. 이 연구의 출발점은 인간을 '이야기하는 존재'Homo Narrans로 보는 것이다. 하버드대학교의 교육심리학자 제롬 브루너Jerome Bruner는 내러티브narrative가 인간이 자신과 사회를 이해하는 데 중요한 역할을 하며 자아 형성에 기여한다고 한다.

삶과 내러티브는 쌍방향 관계로서 내러티브는 삶을 모방하고 삶은 내러티브를 모방한다. 내러티브의 삶을 강조한 철학자 앨러스데어 매킨타이어Alasdair Macintyre는 우리의 삶이 시작, 중간, 종결로 이뤄진 이야기 형태를 갖고 있다고 했다. 사람들은 그런 이야기들의 네트워크 안에서 태어나며 이야기 속 질문을 통해 자신의 삶의 목적을 규정한다는 것이다.

바야흐로 스토리텔링의 시대라고 해도 과언이 아닐 정도로 오늘날 이야기는 사람들의 관심을 끌고 다양한 분야에서 활용되고 있다. 그렇다면 어떤 이야기를 어떤 방식으로 풀어 나가야 할까?

◌ 상품이 아닌 이야기를 팔아라,
● 스토리텔링 마케팅

덴마크의 미래학자 롤프 옌센Rolf Jensen은 소비자에게 꿈과 감성을 제공하는 것이 차별화의 핵심이 되는 드림 소사이어티dream society가 도래할 것이라고 예견했다. 꿈과 감성의 시대 21세기에는 이야기가 부가가치를 만들며 이를 통해 새로운 시장이 형성된다는 것이다. 이제 사람들은 단순히 상품을 구매하지 않는다. 그 상품에 담긴 이야기를 산다. 마케팅 학자들은 이것을 '스토리텔링 마케팅'이라고 부르는데 크게 세 가지 정도로 나뉜다.

첫 번째는 가장 일반적인 방법이다. 단순히 브랜드에 스토리를 입혀 전파하는 브랜드 스토리텔링이 그것이다. 수많은 사례가 있지만 여기서는 브랜드 네이밍을 스토리텔링을 통해 부각시킨 말보로_{Marlboro}의 이야기를 살펴보자.

1800년대 말 보스턴의 한 공과대학에 다니는 가난한 고학생이 있었다. 그는 한 지방 유지의 딸과 사랑에 빠졌지만 집안의 반대로 무척이나 힘든 시간을 보내고 있었다. 그러던 어느 날 둘을 갈라놓기 위해 여자의 집에서는 딸을 멀리 친척집으로 보내 버렸다. 남자는 여자를 찾기 위해 몇날 며칠을 헤매다 몸과 마음이 지쳐 버리고 말았다.

비가 구슬피 내리던 어느 날 무작정 여자의 집 앞으로 찾아간 남자는 집으로 돌아온 여자를 만날 수 있었다. 그러나 반갑게 맞이해 준 여자는 청천벽력 같은 말을 전한다. "나, 내일 결혼해!" 아무것도 할 수 없었던 남자는 한 가지 소원을 말한다. "내가 담배 한 대 피우는 동안만 내 곁에 있어 줄래?" 여자는 고개를 끄덕였고, 남자는 담배를 꺼내 불을 붙였다. 당시 필터가 없었던 잎담배는 너무나 빨리 타들어 가 남자의 마음을 더욱 아프게 했다. 훗날 여자와의 짧은 마지막 시간이 한이 됐던 그는 천천히 타들어 가도록 필터가 있는 담배를 만들어 큰 성공을 거뒀다.

세월이 흐르고 여자를 잊지 못하던 남자는 여자의 소식을 듣게 됐다. 남편이 일찍 세상을 떠나 병든 몸으로 빈민가에서 외로이 살고 있다는 것이었다. 하얀 눈이 내리던 어느 겨울날 남자는 여자를 찾아갔다. 그리고 아직도 사랑하고 있으니 결혼해 달라고 했다. 당황한 여자는 잠시 생각할 시간을 달라고 하고선 다음 날 목을 맨 채 싸늘한 시체로 발견됐다. 슬픔에 잠긴 남자는 그동안 방황했던 자신의 모습을 떠올리며 자신이 개발한 담배 이름을 '말보로'라고 지었다.

말보로는 'Man Always Remember Love Because Of Romance Over(남자는 흘러간 로맨스 때문에 항상 사랑을 기억한다).'의 첫 글자를 딴 것이다. 이 이야기를 듣고 나면 말보로가 마치 첫사랑을 잊지 못하는 남자의 모습을 표현한 것처럼 보인다.

두 번째는 시간의 영역에 방해받지 않고 실시간으로 소비자와 함께 스토리를 만들어 가는 방식이다. 바로 디지털 기술을 매체 환경과 표현 수단으로 활용해 진행되는 디지털 스토리텔링이다. 일반적인 스토리는 시작과 끝이 있다. 하지만 디지털 스토리텔링 방식은 진행형이다. 디지털 디바이스를 활용해 소비자와 실시간 커뮤니케이션이 가능하기 때문이다.

왜 사람들은 이런 방식을 선호하게 됐을까? 이제 사람들은 더 이상 시작과 끝이 명확한 내러티브를 원치 않기 때문이다. 단지 이야기가 진행되는 과정 자체를 즐긴다. 모바일 스마트 디바이스가 만들어낸 새로운 트렌드다. 대표적인 사례는 얼마 전 개봉한 영화《뷰티 인사이드》의 원작인 인텔과 도시바의 광고 '내면의 아름다움'이다.

매일 아침 자고 일어날 때마다 다른 사람의 몸으로 살아야 하는 기구한 운명을 타고난 주인공! 그의 이름은 알렉스다. 그의 내면은 항상 똑같지만 매일 아침 깨어나면 성, 국적, 나이가 다른 낯선 사람의 겉모습을 갖는다. 매일 변하는 외모 때문에 종종 웃지 못할 상황이 연출된다. 그리고 진정한 사랑을 하기보단 하루살이 만남을 가질 수밖에 없다.

그런데 다른 사람의 몸으로 살아도 별로 특별할 게 없다고 여기던 알렉스가 한 여인과 사랑에 빠지면서 상황은 급변한다. 운명처럼 만나 사랑에 빠진 여인 리아. 그는 사랑하는 여인을 만나러 가지만 늘 다른 모습이다. 월요일은 백발의 백인 할아버지, 화요일은 중국인 소녀, 수요일은 십 대 청년, 목요일은 30대 흑인 여성, 금요일은 또 다른 모습으로 그녀를 찾아간다. 리아는 알렉스를 기다리지만 그가 알고 있는 알렉스는 만날 수 없었다. 서로에게 상처를 주고 괴로워하던 두 사람은 결국 서로의 진심을 알게 되고 사랑의 힘으로 알렉스의 변화가 멈춘다.

이 영상은 총 6편으로 제작됐다. 스토리의 구조는 단순하지만 사람들의 마음을 사로잡는 플롯들이 곳곳에 배치돼 있다. 한 편의 영화를 보듯 잘 구성된 스토리다.

그런데 원작과 영화는 한 가지 다른 점이 있다. 극중의 알렉스가 매일 바뀌는 자신의 모습을 동영상으로 찍어 올리면서 마치 실제로

2013년 칸 광고제 필름 부문 그랑프리 수상작인 '내면의 아름다움'의 한 장면

존재하는 인물처럼 페이스북을 통해 시청자들과 커뮤니케이션을 한다는 점이다.

인텔과 도시바는 대중이 직접 알렉스가 돼 그의 삶을 이야기할 수 있도록 캠페인을 진행했다. 팬들이 직접 스크립트를 쓰고 연기를 해서 알렉스가 실존하는 것처럼 페이스북에 그의 하루를 올리는 식으로 프로모션에 참여했던 것이다. 매일 다른 사람의 모습이기 때문에 다양한 사람들이 자신의 얼굴을 찍어 영상 다이어리로 올렸고 마치 주인공인 것처럼 감정이입을 했다. 이 작품은 2012년 7월 6개의 에피소드로 된 단편영화 《내면의 아름다움》The Beauty Inside이라는 제목으로 유튜브를 통해 공개됐다.

세 번째는 공간에 구애받지 않고 다양한 방식으로 하나의 스토리를 전달해 가는 트랜스미디어 스토리텔링이다. 하나의 스토리가 다양한 매체를 통해 전파되면서 스토리 콘텐츠의 힘을 발휘하는 것이다. 예를 들면 만화 원작이 영화화되고, 이것이 현실의 공간이나 캐릭터로 이어져 체험 현장이 되고 상품이 돼 고객의 구매를 촉진시키는 형태를 말한다. 일반적으로 '원 소스 멀티유즈'One Source Multi Use로 해석되는데 하나의 스토리가 만화, 영화, 뮤지컬, 도서, 드라마 등 다양한 형태의 채널을 통해 유통되는 과정을 말한다. 그런데 최근에는 하나의 공간 자체를 스토리텔링 형태로 구성해 고객을 끌어들이는 사례가 늘고 있다. 대표적인 사례가 드라큘라의 고향인 브라쇼브Brasov다.

아마도 드라큘라는 세계에서 가장 유명한 스토리 중 하나일 것이다. 1897년 아일랜드의 괴기 소설가 브램 스토커Bram Stoker가 시작한 이 이야기는 루마니아의 한 지방을 지배하던 잔혹한 영주 블라드 3세를 모델로 했다. 그는 원래 오스만튀르크에 대항해 루마니아 민족을 지키고 강력한 부패척결 정책으로 국민의 지지를 받았던 영웅이었다. 하지만 전쟁 중에 적의 사기를 떨어뜨리기 위해 잔인한 행동을 한 것이 문제였다. 심지어 포로를 꼬챙이에 꿰어 죽이기까지 해서 '찔러 죽이는 자, 블라드'라는 별명을 얻었다. 민족의 영웅이 잔인한 뱀파이어로 둔갑한 건 서운한 일이지만 루마니아는 이곳을 관광 명소로 탈바꿈시켰다. 공간 자체를 스토리텔링한 것이다.

오늘날 드라큘라 성으로 더 유명한 브란 성은 실제로는 드라큘라와 전혀 상관없는 곳이다. 드라큘라의 배경이 된 지역의 외진 곳에 위치한 이 성은 삐쭉삐쭉 솟은 첨탑과 음산한 분위기가 드라큘라의 전설과 맞아떨어진다는 이유로 드라큘라 성이 됐다. 루마니아는 브란

성을 중심으로 드라큘라 이야기를 공간 곳곳에 배치했다. 드라큘라 영주가 사용했던 고문 도구, 소설 속에 등장하는 여러 가지 물건들을 전시하고 영화 상영도 한다. 성 안에서는 해골 장식과 각종 드라큘라 캐릭터 상품들을 판매한다. 레스토랑과 카페의 탁자도 관 모양으로 꾸몄다. 아일랜드에서 탄생한 스토리 하나가 지금은 매년 50만 명이 넘게 찾아오는 루마니아의 최대 관광 수입원이 된 것이다.

◦● 솜씨 좋은 이야기꾼이 되는 스토리텔링 비법

사람들의 마음을 사로잡는 이야기는 어떻게 만들어야 할까? 그리고 어떻게 표현해야 할까? 스토리텔링은 다양한 분야에서 위력을 발휘하지만 그 본질은 커뮤니케이션이다. 상대방에게 알리고자 하는 바를 재미있고 설득력 있게 전달하는 과정인 것이다.

사람들은 이야기를 듣고 싶어 한다. 그리고 그 이야기로 다른 사람들과 소통하고 싶어 한다. 따라서 이야기는 단순히 정보를 전달하는 게 아니라 쉽게 이해시키고, 기억하게 하고, 정서적 몰입과 공감을 이끌어 내는 힘이 있어야 한다. 이야기로 사람의 마음을 움직이는 것이다. 그렇다면 일상생활에서 스토리텔링을 잘할 수 있는 비법이 무엇인지 알아보자.

첫째, 자신의 이야기를 만들어 본다. 이야기는 직접 경험한 이야기, 주변 사람들이 겪은 이야기, 책이나 언론을 통해 접한 이야기 등 크게 세 가지로 나눌 수 있다. 그중 가장 차별적이고 창의적인 이야기는 자신이 경험한 이야기다. 자신만의 이야기는 청중의 주목을 끌 수 있다. 그리고 적절히 자신을 노출해 친근감과 인간적 매력을 표출할 수도 있다. 진솔한 스토리텔링은 상대방의 공감을 이끌어 내기 때문이다. 평소에 이야기의 주제를 분류해서 자신의 경험을 정리해 놓는 습관을 들여 보자. 일기를 쓰는 것도 좋은 방법이다. 덧붙여 주변 사람들의 이야기와 책과 언론에서 거론되는 스토리를 함께 정리해 놓으면 훌륭한 스토리텔러가 될 수 있다.

둘째, 스토리텔링의 3박자를 고려해 준비한다. 대중 스피치에서 스토리텔링은 소재, 내용 구성, 전달 방식이라는 3박자가 잘 맞아떨어져야 한다. 먼저 콘텐츠를 개발하려면 사람들이 관심 있는 분야들에 관심을 가져야 한다. TV, 영화, 독서, 소셜 미디어 등 사람들의 생활과 트렌드에 관련된 모든 것이 콘텐츠가 될 수 있다. 평소에 관심을 갖고 경험해 보면서 메모를 해두자. 역시 주제별로 분류해 적절히 활용될 수 있도록 정리하고 기록하는 습관을 들이도록 한다.

내용 구성은 이야기에 흥미가 더해지도록 긴장과 이완, 극적인 요소들을 적절히 삽입하는 것이다. 구구절절 이야기를 전개하는 방식이 아니라 과감한 삭제와 강조로 필요한 부분만 부각시킨다. 스토리텔링에 능한 사람들을 롤모델로 삼는 것도 좋다. 그들의 영상을 보면서 어떻게 이야기를 풀어 나가는지 주의 깊게 살펴보자.

그다음에는 전달 방식을 고려해야 한다. 말투나 표현 방식, 맺고 끊음, 속도, 몸짓 등 다양한 연기를 접목시켜 보자. 스토리는 내용도 중요하지만 적절한 텔링이 부가될 때 성공할 확률이 높아진다. 하지만 더 중요한 것은 연습이다. 거울을 보고 자신의 모습을 모니터링하면서 연습하고 또 연습하라. 전달 방식은 멋진 연기와도 같아서 연습한만큼 위력을 발휘한다.

셋째, 스토리의 극적 구조를 적절히 활용한다. 스토리의 극적 구조는 크게 4단계로 구분된다. 첫 단계는 주인공이 처한 상황에 대해 설명해 주는 배경 단계다. 이야기의 도입 부분에 해당된다. 두 번째 단계는 위기다. 긴장감을 일으키고 갈등을 유발한다. 사람들의 공감을 불러일으키는 단계이기도 하다. 감정이입이 일어나고 마치 자신이 처한 상황인 것처럼 몰입하는 단계다. 세 번째 단계는 극복이다. 주인공이 위기를 극복하는 과정 속에서 사람들은 카타르시스를 느낀다. 힘과 용기를 부여해 주는 단계이기도 하다. 마지막 단계는 변화다. 주인공이 위기를 극복한 다음 찾아오는 변화는 새 출발을 의미하기도 한다. 이 네 단계를 적절히 활용하면서 이야기를 만들어 보고 주변 사람들에게 조언을 들어 보자. 평소에 이런 습관을 들이면 어느새 재미있고 설득력 있는 이야기꾼이 돼 있을 것이다.

3 긍정

● 할 수 있다고 생각하든,
, 그렇지 않든 당신이 옳다

POSITIVE THINKER

내 이름은 리오넬 메시. 내 얘기 한번 들어 볼래? 열한 살 때 난 내 성장호르몬에 문제가 있다는 걸 알게 됐어. 하지만 난 키가 작은 만큼 더 날쌨고 공을 절대 공중에 띄우지 않는 나만의 축구 기술을 터득했어. 이제 난 알아. 때로는 나쁜 일이 아주 좋은 결과를 낳기도 한다는 걸. 불가능, 그것은 아무것도 아니다.

한동안 TV 전파를 탔던 스포츠 브랜드의 광고다. 리오넬 메시의

2007년 스포츠 스타의 이야기를 스토리텔링 방식으로 진행한
아디다스의 '불가능, 그것은 아무것도 아니다' 광고의 한 장면

유년 시절에 대해 읊조리며 잔잔하게 표현되는 영상은 가슴 한구석을 찡하게 만든다. 왜일까? 비밀은 그의 작은 키에 있다. 신장 168센티미터. 세계에서 가장 몸값이 비싼 선수이자 살아 있는 전설, 메시아, 축구의 신으로 불리는 그와는 어울리지 않는 숫자다. 세계 최고의 축구 선수들은 대부분 180센티미터의 큰 키를 자랑하기 때문이다. 그의 유년 시절에 대체 무슨 일이 있었던 것일까?

1987년 아르헨티나의 작은 마을에서 태어난 메시는 아주 어릴 적부터 축구를 시작했다. 철강 노동자이자 지역 클럽의 축구 코치로 활동했던 아버지 덕분이었다. 아홉 살에 유소년팀에 입단한 메시는 유망주로 주목을 받았지만 열한 살 때 성장호르몬결핍증GHD 진단을 받고 시련을 겪기 시작했다.

메시의 성장호르몬결핍증을 치료하려면 매달 1,000달러의 돈이 필요했다. 하지만 육체노동으로 생계를 이어 가던 그의 부모가 감당하기엔 너무나 큰돈이었다. 언제까지 치료를 해야 할지도 모르는 일이었다. 소속팀에서도 메시를 외면했다. 아직 어린 선수의 기량만 보고 모험을 감행할 순 없었다. 그의 가정 형편을 아는 사람들은 축구를 그만두라고 조언했다. 치료를 한다 해도 키가 어느 정도 클지 알 수 없었고, 작은 키는 축구 선수로서 적합하지 않기 때문이었다.

집안의 빚은 늘어 갔고, 부모님의 시름도 깊어 갔다. 하지만 메시는 희망의 끈을 놓지 않았다. 축구를 포기하는 대신에 자신의 강점이 될 수 있는 것을 찾았다. 그는 성인이 돼서도 자신의 키가 작을 거라고 생각했다. 그래서 남들보다 빠르고 공을 공중에 띄우지 않는 자신만의 축구 기술을 개발했다. 하늘은 스스로 돕는 자를 돕는다고 했던가? 2000년, 그가 열네 살 되던 해에 그의 재능을 눈여겨본 FC 바르셀로나에서 스카우트 제의를 해왔다. 그것도 치료비를 모두 부담하겠다는 조건이었다.

이렇듯 악조건 속에서도 포기하지 않는 긍정적인 마인드와 자신감은 오늘날 그를 있게 한 원동력이 됐다. 실제로 그의 플레이 스타일을 보면 놀라움을 금치 못한다고 한다. 그는 현란한 개인기 대신 민첩성과 바디페인팅으로 수비수들의 균형 감각을 붕괴시킨다. 세밀한 볼 컨트롤과 발에서 70센티미터를 벗어나지 않는 드리블은 왜소한 그가 덩치 큰 선수들에게 볼을 빼앗기지 않기 위해 갈고닦은 기술이다.

메시의 사례는 긍정적 마인드가 지닌 위대한 힘을 보여 준다. 대체 그런 긍정적 마인드는 어디에서 나오는 걸까? 바로 자존감self-esteem과 애티튜드attitude다.

○ 창의성의 원천,
● 자존감과 애티튜드

자존감이란 말 그대로 자신을 존중하고 사랑하는 마음이다. 자신의 능력과 한계에 대한 생각이며, 일종의 자기 확신으로 스스로 가치 있는 존재라는 믿음이다. 다시 말해 자신이 어떤 성과를 이뤄 낼 만한 사람이라고 믿는 마음이다. 자존감이 잘 형성된 사람은 자신을 소중히 여기고 타인과 긍정적인 관계를 유지한다. 그리고 인생의 역경을 잘 극복하며 유연하게 대처한다.

심리학자 캐럴 카우프만Carol Kauffman은 자존감이 높은 사람들은 긍정적 성향이 강하다고 한다. 즉, 부정적인 상황에서도 긍정적인 생각을 한다는 것이다. 그들은 안 좋은 사건을 경험했을 때 자신에게 미치는 영향을 최소화하는 능동적인 전략을 취한다. 그래서 자존감이 높은 사람은 무한 긍정의 힘을 가지고 있다. 자기 인생의 주인은 자신이라는 굳건한 믿음이 있기 때문이다.

또한 자존감이 높은 사람은 창의적일 수밖에 없다. 자신에 대한 만족도가 높아서 모든 일에 적극적이기 때문이다. 자신의 인생에 비전이 있고 꿈을 향해 항상 전진한다. 도전하는 것을 좋아하고 두려움을 피하지 않는다. 정성을 다해 맞이하고 대응한다. 그래서 자존감은 무한 긍정의 힘을 만들어 내는 원천이자 창의적 인재의 기준이 된다.

스페인 스포츠 역사상 최고의 선수로 선정됐으며 27세에 메이저 대회 14번 우승이라는 놀라운 업적을 기록한 선수가 있다. 누구일까? 조금 생소할지도 모르지만 테니스계의 제왕으로 군림했던 라파엘 나달Rafael Nadal이다. 한 대회 최다 우승, 최다 연속우승, 단일 그랜드 슬램 대회 최다 우승 기록을 보유하고 있는 유일한 선수이기도 하다.

나달은 무한한 체력과 근성으로 상대를 지쳐 쓰러지게 하는 경기 스타일로 유명하다. 그는 한 공, 한 공 포기하는 경우가 없다. 끝까지 쫓아가 어떻게든 상대방의 코트에 공을 넘긴다. 그러다 보니 부상도 잦았다. 2011년부터 악화된 고질적인 무릎 부상으로 걷지도 못할 정도가 되자 8개월 동안 병원 신세를 져야 했다.

의사들은 선수 생활조차 위험하다고 충고했지만 나달은 혹독한 재활 훈련을 시작했다. 그는 자신을 믿었고 두려움을 피하지 않았다. 그가 선택한 방법은 자신감 충전이었다. 작은 성공과 성취를 통해 경기력을 최대한 끌어올린 것이다. 이는 누구보다 자신을 믿는 높은 자존감이 있었기에 가능했다. 2013년 나달은 보란 듯이 코트에 복귀했다. 그리고 무릎이 완치되지 않아 쩔룩거리면서도 총 9개 대회에서 7번 우승이라는 최고의 기량을 선보였다.

자존감과 더불어 창의적 행동의 원천이 되는 삶의 틀로 애티튜드를 들 수 있다. 애티튜드의 중요성에 대한 진대제 전 장관의 일화는 유명하다. 그는 한 강연장에서 청중들에게 질문을 던졌다. 인생을 100점짜리로 만들기 위해 가장 중요하다고 생각되는 영어 단어를 말해 보라고 했다. 사람들은 여기저기서 외쳤다. "사랑이요!" "명예입니다." "뭐니 뭐니 해도 돈이죠." "가족이 최고 아닐까요?" 청중들은 자신의 상황에 맞게 제각각 말했다. 우리가 평소에 중요하다고 느끼는 단어는 다 나온 것 같았다. 하지만 어느 누구도 진 장관이 생각하는 정답을 말하지 않았다. 바로 '애티튜드'였다. 청중은 고개를 갸웃했다. 중요한 단어지만 무엇을 의미하는지 알 수가 없었던 것이다.

진 장관은 곧 이유를 설명하기 시작했다. 영어 알파벳을 A~Z까지 차례로 1부터 26까지 번호로 표시하고 스펠링을 더한 숫자가 100이 되는 유일한 단어라는 것이다. 황당한 설명에 피식 웃음이 나오지만 그만큼 애티튜드가 중요하다는 점을 강조하는 이야기다.

세계적인 리더십 전문가 존 맥스웰John Maxwell 역시 애티튜드가 성공과 실패를 가르는 유일한 차이라고 말하면서 그 중요성을 강조했다. 그렇다면 애티튜드란 무엇일까? 애티튜드는 어원적으로 두 가지 의미가 있다. 하나는 라틴어인 앱투스aptus에서 기원한 말로, 소질aptitude을 뜻하며 적합성이나 능력을 의미한다. 다른 하나는 미술에서 사용되는 것으로 조각상의 자세나 자태를 말한다. 정리해 보면 몸의 동작이나 몸을 가누는 모양새, 어떤 일이나 상황 따위를 대하는 마음가짐이라고 볼 수 있다.

패션디자이너 마이클 제이콥Michael Jacob은 "여성이 섹시해 보이는 것은 무엇을 신거나 입어서가 아니라 어떤 애티튜드를 보이는가에 달렸다."고 말했다. 이는 애티튜드를 외형적인 의미로 본 것이다. 반면 인격심리학의 대가인 고든 올포트Gordon Allport는 애티튜드란 경험에 의해 체계화된 정신적 준비 상태로서 특정 방식으로 생각하고, 느끼고, 행동하는 학습된 성향이라고 했다. 단순한 외형뿐만 아니라 사고와 감정의 복합체가 애티튜드인 것이다. 많은 학자들의 연구에 따르면 애티튜드와 행동은 밀접한 관계가 있다고 한다. 애티튜드가 행동을 결정하는 배후라는 것이다.

○ 당신의 물통은
● 얼마나 채워져 있습니까?

당신의 물통이 꽉 찰 때, 4초에 한 번 기적이 찾아온다.
당신의 물통이 텅 빌 때, 4초에 한 번 희망이 사라진다.

이는 심리학자 대니얼 카너먼의 말을 응용해 쓴 것이다. 그에 따르면 사람은 하루에 2만 번의 모멘트moment를 경험한다. 즉, 4초에 한 번씩 누군가에게 영향을 미친다는 것이다.

이와 비슷한 맥락으로 긍정심리학의 대가인 도널드 클리프턴Donald Clifton은 자신의 책에서 '물통과 국자 이론'을 언급했다. 그 내용을 살펴보면 우리 모두는 보이지 않는 물통을 하나씩 갖고 있다. 그 물통은 주변 사람들의 말이나 행동에 따라 지속적으로 채워지거나 비워지는데, 물통이 가득 차 있을 때 우리는 행복을 느끼고 물통이 비어 있을 때는 고통을 느낀다. 그런데 우리는 보이지 않는 국자도 하나씩 갖고 있다. 우리가 긍정적인 감정을 이끄는 말이나 행동을 할 때 이 국자는 타인과 우리의 물통을 채워 주고, 긍정적인 감정을 감소시키는 말이나 행동을 하면 우리의 물통에서 물을 떠 내보낸다.

인간의 상호작용을 통해 물통이 채워지기도, 비워지기도 한다는 것은 일상생활에서 경험하는 일을 통해 행복해질 수도, 불행해질 수도 있다는 단순한 진리를 깨우치게 한다. 이는 애티튜드의 중요성을 의미한다. 우리는 매일 다른 상황에 부딪히고 선택을 한다. 바로 애티튜드의 선택이다. 애티튜드가 긍정적이냐 부정적이냐에 따라 자신의 물통뿐만 아니라 타인의 물통까지 채워 줄 수도 있고 퍼낼 수도 있는 것이다.

이 물통과 국자 이론에 적합한 기업 사례가 있다. 수많은 MBA 과정에서 언급될 정도로 누구나 다 알고 있는 사우스웨스트항공의 사례다. 그들의 성공 비결은 무엇일까? 수많은 전략가들이 다양한 분석을 내놓았지만 핵심은 서로의 물통을 열심히 채워 주는 임직원들의 애티튜드에 있었다.

1967년에 설립된 사우스웨스트항공은 1971년 단 세 대의 비행기로 운항을 시작했다. 2008년에 비행기는 544대로 늘어났고 미국 33개 주 66개 도시를 운항하는 대형 항공사로 성장했다. 이들은 글로벌 금융위기에도 1억 7,800만 달러의 흑자를 기록했고 항공업계에서 유일하게 36년 연속 흑자를 기록하는 기염을 토했다. 더불어 현재 미국인들이 가장 취업하고 싶은 회사, 가장 일하기 좋은 100대 기업 상위권을 매년 유지하고 있다.

사우스웨스트항공이 이렇게 성장한 원인은 무엇일까? 많은 전략가들은 세 가지를 꼽는다. 가격경쟁력, 시간 절약, 즐겁고 독특한 서비스다. 하지만 이 모든 것을 가능하게 만든 건 바로 직원들의 애티튜드에 있었다. 어떻게 한 것일까? 이곳의 임금 수준은 타 항공사에 비해 높지 않다. 게다가 직원들에게 많은 일을 요구하고 있어 업무도 많다. 가격 경쟁력을 높이고 운항 시간을 줄이기 위해 스튜어디스들은 티켓 판매부터 기내 청소까지 궂은일을 도맡아 하고 있다. 그럼에도 직원들의 만족도는 높고 퇴사율이 현저히 낮으며 매년 즐거운 직장으로 선정된다.

사우스웨스트항공은 직원이 가장 중요한 자산이라고 말한다. 심지어 직원의 서비스에 불만을 품고 항의하는 고객들에게도 당당하게 말한다. "우리 회사는 직원이 가장 소중하다. 서비스가 마음에 들지 않으면 우리 항공사를 이용하지 말라." 이런 회사의 철학은 직원을 기쁘게 하고 결국 직원들이 고객을 대하는 태도를 바꾸게 한다.

애티튜드가
긍정적이냐, 부정적이냐에 따라
자신의 물통뿐만 아니라
타인의 물통까지 채워 줄 수도 있고
퍼낼 수도 있다.

또한 이들은 직원 채용 시 업무 능력을 고려하지 않는다. 단지 애티튜드를 볼 뿐이다. 일하는 데 필요한 기술은 가르칠 수 있지만 긍정적인 애티튜드는 가르칠 수 없다고 믿기 때문이다. 또한 즐겁게 일하기 위해서는 긍정적인 마인드가 중요한데, 이를 위해 유머 감각이 채용 기준이 된다고 한다. 유머 감각이 있는 사람일수록 창의적이고 자율적으로 일을 할 수 있으며 긍정적인 애티튜드를 갖게 해준다는 믿음에서다.

이런 독특한 조직 문화를 바탕으로 사우스웨스트항공의 임직원들은 늘 긍정적이다. 사내에서 다양한 파티를 열며 소통하고, 사내 커플이 많기로 유명하다. 허브 캘러허Herb Kelleher 회장의 '편fun 경영'도 직원들의 애티튜드에 한몫하고 있다. 이들은 자신과 타인의 물통에 보이지 않는 국자로 열심히 물을 채워 주고 있는 것이다.

○ 돈 들이지 않고 창의성을 높이려면
● 긍정심리 자본에 투자하라

어떻게 하면 조직을 창의적으로 만들 수 있을까? 어떻게 하면 창의적인 인재를 육성할 수 있을까? 많은 기업들의 고민거리다. 수많은 연구 결과가 나와 있지만 썩 마음에 들지 않을뿐더러 돈도 많이 든다. 일부 기업에서는 많은 돈을 투자한다. 복리후생에 투자하는 기업도 있고, 창의적인 환경을 조성하기 위해 대대적인 리노베이션 공사를 하는 기업도 있다. 교육에 투자하는 기업들도 있다. 하지만 꼭 돈을 써야만 창의성이 오르고 성과가 나오는 걸까? 그렇지 않다는 연구 결과가 있어 우리의 귀를 쫑긋하게 한다.

창의성 연구의 대가라 불리는 하버드 경영대학원의 테레사 에머빌 Teresa Amabile 교수는 창의성과 관련해 재미있는 연구를 진행했다. 창의성을 높이는 방법을 연구하기 위해 기업 임직원들의 일기를 분석한 것이다. 그녀는 업종이 다른 7개 기업을 선정하고 200여 명의 임직원들에게 매일 일기를 쓰게 해서 짧게는 3개월, 길게는 1년까지 이메일로 일기를 제출하게 했다. 이렇게 모인 일기는 1만 2,000여 건이나 됐는데 이를 분석한 결과 의외의 결론이 나왔다. 바로 직원들에게 긍정적인 기분을 만들어 줘야 한다는 것이었다. 직원들은 기분이 좋은 날은 그렇지 않은 날에 비해 창의적인 아이디를 떠올릴 가능성이 50퍼센트 이상 높아지는 경향을 보였다.

긍정적인 마인드를 가지고 있는 사람이 더 창의적이라는 많은 연구들이 이와 맥을 같이한다. 실제로 뇌과학자들이 밝힌 바에 따르면 사람은 기분이 좋을 때 시냅스를 통해 도파민이라는 호르몬이 분비되는데 이 호르몬은 뇌를 활성화한다. 이때 사고의 범위가 넓어지고 인지적 변화가 생겨 새로운 통찰력을 만들어 낸다는 것이다.

그렇다면 임직원들의 기분이 좋아지려면 어떻게 해야 할까? 에머빌 교수는 세 가지 방법을 제시했다. 첫째, 일에서 작은 성공을 경험한다. 둘째, 업무에 필요한 지원을 받는다. 셋째, 사내 대인 관계에서 좋은 경험을 한다. 이는 긍정심리학의 창시자라고 불리는 마틴 셀리그먼 Martin Seligman 교수의 주장과도 일치한다. 그는 긍정심리학이 개인과 조직, 사회에서 일어나는 기쁘고 좋은 일을 더 오랫동안 지속시킬 수 있는 과학적 방법을 알려 준다고 말한다.

셀리그먼 교수의 주장에 따르면 일에서 만족도를 높이려면 자신의 대표 강점 signature strength 을 찾는 것이 중요하다. 그다음은 자신의 약점을 고치는 데 쏟는 시간과 노력을 자신의 강점을 연마하고 활용하는 데 사용하는 것이다. 덧붙여 그는 창의성을 높이고 싶다면 직원들의 긍정적인 마인드를 키우라고 조언한다. 어떻게 하면 자신의 대표 강점을 연마하고 긍정적인 마인드를 키울 수 있을까? 셀리그먼 교수는 다섯 가지 방법을 제안했다.

첫째, 긍정적 정서 positive emotion 를 강화한다. 긍정적 정서란 우리가 느끼는 기쁨, 희열, 자신감, 낙관적 태도 등을 의미한다. 지속적으로 이런 정서를 끌어내면 긍정적인 마인드와 애티튜드를 습관화할 수 있다. 행복을 뇌에 새기는 연습을 해보자. 평소에 긍정적인 스토리텔링을 연습하고 습관으로 만드는 것이다. 자신에게 닥친 문제를 긍정적으로 바라보면서 원인을 파악하면 고민거리나 어려운 일들을 긍정적으로 받아들일 수 있다. 한마디로, 참지 말고 즐겨 보자.

둘째, 일에 몰입 engagement 하면 긍정적 마인드가 강화된다. 몰입을 잘하기 위해 가장 먼저 할 일은 명확한 목표를 세우는 것이다. 가장 좋은 목표는 시간을 정하는 것이다. 그런 다음 적절한 수준의 난이도를 부여한다. 일반적으로 자신의 능력보다 5~10퍼센트 정도 어려운 일을 할 때 몰입 상태에 가장 잘 빠져들 수 있다고 한다. 그리고 결과에 대한 피드백을 빨리 받는다. 결과가 빠르면 더 잘해야겠다는 생각이 들어 몰입도를 높일 수 있다.

셋째, 타인과 좋은 관계relationship를 유지한다. 인간은 사회적 동물이다. 타인과의 관계가 좋은 사람은 활동적이고 쾌활하며 매사에 긍정적이다. 그만큼 원활한 관계는 긍정적 마인드를 갖게 하는 중요한 요소다. 긍정적 관계를 맺는 가장 좋은 방법은 '역지사지'易地思之의 태도다. 상대방의 입장이 돼보는 것이다. 그러다 보면 상대방을 이해하게 되고 그가 무엇을 원하는지, 무엇이 불편한지 상대방의 입장에서 배려하는 마음이 생긴다. 상대방을 배려한다는 것은 긍정적 관계를 유지하는 데 가장 중요한 요소가 될 수 있다.

넷째, 자신이 하는 모든 일에 의미meaning를 부여한다. 의미는 자신보다 더 중요하다고 믿는 어떤 것에 소속되고 거기에 기여하는 것에 기초한다고 한다. 인생에 의미를 부여하고 목적을 추구하기 위해 노력하면 애착이 생긴다. 그 애착이 몰입을 돕고 긍정적인 마인드를 갖게 해주는 것이다. 자신의 일에 의미를 부여하는 순간 부정적인 시각은 사라지고 긍정적인 마인드가 생긴다.

다섯째, 작은 성공과 성취감accomplishment을 느껴 본다. 성취는 남을 이기기 위해서나 물질적 욕망 때문에 추구하기도 하지만 그 자체가 좋아서 추구하기도 한다. 예를 들어 낚시를 취미로 하는 사람들은 물고기를 낚아 올리는 손맛을 보기 위해 오랜 시간 동안 물속을 응시한다. 그리고 고기를 잡는 순간 커다란 성취감을 느끼며 잡은 물고기는 다시 돌려보낸다. 꼭 물질적인 보상이 없어도 좋다. 작은 일에 성취감을 느끼다 보면 매사에 긍정적인 마인드로 접근하게 된다.

4 열정

● 최고를 만드는 내 안의 힘,
, 열정에 불을 지펴라!

PASSIONEER

"니 생각, 니 주장, 니 느낌, 다 필요 없어!"

신문방송학과를 졸업하고 취업 전선에서 고군분투하다가 연예부 수습기자가 된 주인공이 사수에게 들은 첫마디다. 취업만 하면 인생 제대로 즐기리라 생각한 주인공 도라희. 대학 시절에는 톱으로 불리며 부푼 희망을 안고 살아 왔다. 그러나 이 모든 환상은 출근 3분 만에 깨졌다. 첫 출근한 직장에서는 따뜻한 말 한마디 대신 찰진 욕이 오가고 있었고, 손대는 일마다 사건 사고를 일으키는 그녀에게 돌아오는 건 온갖 핍박과 손가락질뿐이었다. 그녀는 항변한다. 단 한 순간도 최선을 다하지 않은 적이 없을 정도로 열정을 갖고 일했다고. 하지만 그녀의 상사는 이렇게 말한다.

"열정 같은 소리 하고 있네."

2015년 말에 개봉한 영화의 제목이다. 사회 초년생의 직장 생활을 그린 영화다. 그런데 제목부터가 파격적이다. 성공의 지름길이라고 바이블처럼 전해 내려오는 '열정'Passion이란 단어가 부정적으로 표현되고 있기 때문이다.

우리는 늘 이런 말을 들어 왔다. "만일 우리가 가진 것들 중에 한 가지만 남겨야 한다면 그것은 열정이다. 열정은 천재의 재능보다 낫다." 그리고 위대한 사람들의 공통점을 찾는다면 자신이 하고 있는 일에 대한 불타는 열정을 가지고 있었다고 들어 왔다. 대체 열정이 무엇이기에 이런 말들을 하는 걸까?

열정이란 어떤 일에 열렬한 애정을 가지고 열중하는 마음을 말한다. 누군가 강요하지 않아도 자발적으로 일에 몰입하고 매진하는 모습이다. 열정이란 마음을 다하는 것이며 모든 활동의 원천이 되는 에너지다. 한마디로 뭔가를 꾸준히 하게 만드는 동력이요, 에너지 자원인 것이다. 창의적 인재들이 수많은 업적을 남길 수 있었던 비결은 타고난 재능 때문이 아니었다. 수없는 도전과 실패를 계속할 수 있도록 열정이라는 긍정적 에너지가 있었기에 가능했던 것이다. 마치 만병통치약처럼 모든 것의 정답이었던 열정을 왜 이 영화에서는 부정적으로 표현했을까? 바로 우리가 '열정 상실의 시대'에 살고 있기 때문이다.

심리학자 아놀드 베이커Arnold Bakker와 윌마 사우펠리Wilmar Schaufeli는 감정 소진emotional exhaustion, 냉소주의cynicism, 효능감 저하reduced professional efficacy를 번아웃burnout의 3대 요소로 봤다. 감정 소진이란 피로감, 개인의 감정적 자원이 고갈됐다고 느끼는 에너지 결핍 상태를 말하는 것이다. 냉소주의는 냉담한 태도, 일에 대한 무관심 또는 거리를 두는 태도를 말하며 효능감 저하는 자신의 능력 및 성취에 대한 부정적인 평가를 말한다.

이론도 그렇지만 현실은 더욱 우울하다. 취업포털 커리어 조사에 따르면 직장인 82퍼센트가 우울증을 겪고 있으며 32퍼센트가 무기력하고 의욕이 없다고 한다. 취업준비생 역시 95퍼센트가 우울증에 시달리며 짜증이 늘었다고 한다. 열정을 가지고 열심히 살았다고 자부하지만 돌아오는 건 패배감과 상실감뿐이기 때문이다. 어찌 보면 열정을 논하는 것 자체가 사치가 돼버린 현실에 살고 있는 것이다.

열정은 쓰레기다?!

우리는 가끔 무기력해지고 답답할 때 '복장 터진다'라는 말을 자기도 모르게 하곤 한다. 복장이란 가슴 한복판, 목 밑에 위치한다. 딱딱

한 뼈가 복장 뼈이고 그 안에 티모스thymus(흉선)라고 불리는 면역 기관이 있다. 철학자 플라톤은 티모스를 이성, 욕망과 함께 인간의 영혼을 구성하는 세 가지로 꼽았다. 호메로스는 인간의 정신적 기능을 프시케psyche, 누우스nous, 티모스로 나눠 생각했다. 그의 정의에 따르면 프시케는 생명의 호흡을 담당하고 누우스는 사고 행위와 깊은 관련이 있으며 티모스는 감정의 움직임(분노, 용기, 공포 등)을 다룬다.

고대 그리스인들은 가슴 한복판에서 꿈틀거리는 무엇인가를 티모스라고 불렀던 것이다. 바로 열정이다. 사람은 열정과 에너지가 없으면 심신에 병이 나고 복장 터진다는 표현처럼 가슴이 답답해진다. 왜 열정이 사라지는 것일까? 열정의 긍정적 힘에 고무됐다가도 현실로 돌아와 보면 늘 실적과 성과에 쫓기고 이리저리 치이다 보니, 가슴속에 의욕과 패기 대신 걱정과 피로만 쌓이는 것이다. 게다가 요즘은 무작정 열정이라는 단어를 무기로 순종을 요구하니 과부하가 걸릴 수밖에 없다. 어떻게 해결하면 좋을까?

최근 30년간 신문에 연재된 만화들 중 최고의 인기작으로 꼽히는 《딜버트》Dilbert의 작가 스콧 애덤스Scott Adams는 저서 《열정은 쓰레기다》에서 그 해결책을 제시했다. 그는 열정적이어야 성공한다는 기존의 통념을 통렬하게 비판했다. 열정이 성공을 이끄는 게 아니라 성공이 열정을 이끈다는 것이다. 그러기에 성공하고 싶으면 열정 따윈 잊으라고 그는 말한다. 필요한 것은 열정이 아니라 에너지다. 에너지가 충분해야 학교에서든 직장에서든 인간관계에서든 주어진 과제를 잘 풀어 갈 수 있다는 것이다.

그의 말에 따르면 성공이란 열정이 아닌 좋은 시스템을 따라 운이 따를 때까지 노력한 결과다. 오히려 열정적인 사람은 성취의 근간이 되는 시스템을 무시하고 목표에만 매몰될 가능성이 크기 때문에 다른 사람보다 실패하기 쉽다. 예를 들어 재능을 타고나지 않았다면 30~40대에 열정만 가지고 위대한 과학자가 될 수 없다. 과학자뿐 아니라 최고의 음악가, 스포츠 스타, 건축가, 디자이너, 의사도 될 수 없다. 지금부터 열정을 가지고 열심히 한다고 해도 대단한 피아니스트나 PGA 투어를 누비는 골프 선수가 되긴 어렵다는 것이다.

애덤스는 허황된 열정은 과감히 버리라고 충고한다. 다이어트를 하려는 사람이 한 달에 10킬로그램을 빼겠다는 목표에 매몰되면 금방 자신의 에너지를 다 써버리고 탈진 상태가 된다. 그리고 자신에 대한 믿음마저 사라져 무기력한 상태에 빠진다. 그는 이것을 극복하는 방법으로 '하루에 10킬로미터 꾸준히 뛰기'라는 시스템을 만들어 충실히 지키기만 하라고 한다.

어쩌면 우리는 쓰레기 같은 열정만 키워 왔는지도 모른다. 하지만 애덤스는 열정 자체를 부정한 게 아니라 대책 없는 쓰레기 같은 열정을 통렬하게 비판한 것이다. 그렇다면 어떻게 해야 쓰레기 같은 열정을 주옥같은 열정으로 만들 수 있을까? 그 처방전을 알아보자.

첫 번째 단계는 생각만 해도 가슴이 뛰었던 순간을 떠올려 보는 것이다. 도전을 해서 성취했던 작은 경험들, 좌절을 딛고 여러 번의 도

어쩌면 우리는 쓰레기 같은
열정만 키워 왔는지도 모른다.
쓰레기 같은 열정을
주옥같은 열정으로 탈바꿈시켜라.

전과 실패를 통해 이뤄 낸 경험들 말이다. 이런 작은 성취의 기억들은 우리 뇌의 열정 부위를 자극해 도파민을 분비시키고 열정을 살아나게 한다. 그만큼 작은 성취의 경험들은 중요하다. 무기력해질 때면 가장 열정적이었던 순간을 떠올려 보자. 티모스가 가장 활발했던 순간을 지속적으로 각인시키다 보면 열정 상실 증후군에서 벗어날 수 있을 것이다.

두 번째 단계는 '스텝 바이 스텝'step by step 전략이다. 어제보다 나아진 나의 모습을 찾아보는 것이다. 그리고 매일 성장한 자신의 모습을 비교하면서 조금씩 강도를 높이거나 시간을 할애해 나간다. 이 전략은 결과 중심이 아니라 과정 중심의 방법이다. 세계적인 발레리나 강수진 씨는 자신의 열정을 불태우는 방법으로 이 전략을 활용했다고 한다. 연습실에 들어서면 어제 한 연습보다 조금 더 강도 높게 1분이라도 더 하려고 노력했다는 것이다.

골프 여제 박인비는 연습량에 대한 질문에 "연습의 양보다는 질이 중요한 것 같다. 목표를 정하고 집중하는 시간이 연습 시간을 늘리는 것보다 더 중요하다."라고 말했다. 그녀는 주위에서 왜 그렇게 연습을 하지 않느냐고 했지만 개의치 않았다고 한다. 어제를 넘어서기 위해 오늘 노력하는 것이 바로 그녀의 열정이었던 것이다.

세 번째 단계는 명확한 목표를 수립하되 단계별로 나눠 실천해 가는 것이다. 원대한 목표와 비전을 갖는 것은 중요하다. 하지만 쉽게 이룰 수 없는 목표라면 곤란하다. 열심히 노력했음에도 불구하고 실패했을 경우 열정 상실 증후군에 걸리기 때문이다. 처참한 실패가 빛나는 성공으로 뒤바뀌는 경우는 대단히 드물다. 작은 성공이 큰 성공으로 이어지기는 쉽지만 실패가 성공으로 바뀌는 경우는 많지 않은 법이다.

메이저리거로 활약하고 있는 류현진은 '열정락서'라는 한 토크콘서트에서 자신의 성장기에 대해 이렇게 말하고 있다. "하나의 꿈을 이루고 나면 나를 다시 뛰게끔 하는 새로운 꿈이 생긴다. 만일 내가 처음부터 메이저리거만 바라봤다면 쉽게 지쳤을 것이다. 처음엔 야구 선수, 그다음은 프로야구 선수, 그리고 메이저리거까지 단계적으로 꿈을 꾸었기 때문에 매너리즘에 빠지지 않고 꿈꾸는 류현진으로 남았다." 하루하루가 쌓여 인생이 되듯이 어떻게 하면 자신에게 주어진 하루를 잘 보낼 수 있을까 고민해 보자. 그러다 보면 어느새 성공한 인생을 살고 있는 자신을 발견할 것이다.

열정 상실의 시대를 살고 있는 우리에게 《중용》의 한 문구가 많은 생각을 던져 준다. "작은 일도 무시하지 않고 최선을 다해야 한다. 작은 일도 최선을 다하면 정성스럽게 된다. 정성스럽게 되면 겉에 배어 나오고, 겉에 배어 나오면 겉으로 드러나고, 겉으로 드러나면 이내 밝아지고, 밝아지면 남을 감동시키고, 남을 감동시키면 이내 변하게 되고, 변하면 생육된다. 그러니 오직 세상에서 지극히 정성을 다하는 사람만이 나와 세상을 변하게 할 수 있는 것이다."

그렇다. 아무 의미 없는 열정은 이제 쓰레기통에 버리자. 전략을 세우고 정성을 다한다면 쓰레기 같았던 열정은 다시 주옥같은 열정으로 돌아올 것이다.

○ 창조적 발견의 조건,
● 열정과 몰입

가장 열정적인 음악가를 꼽으라면 누가 떠오르는가? 수많은 음악가들 중 유독 우리에게 친숙한 인물이 있으니 바로 베토벤이다. 그를 가장 열정적인 음악가로 꼽는 이유는 청력을 상실한 뒤에도 25곡이나 작곡했다는 업적 때문일 것이다.

베토벤의 청력은 30대 중반부터 나빠지기 시작해 40세가 넘은 이후에는 거의 들리지 않았다. 그의 최고 역작으로 꼽히는 교향곡 9번 〈합창〉은 53세에 완성했는데 당시 그의 귀는 아무것도 들리지 않는 상태였다. 영화 《카핑 베토벤》은 〈합창〉 초연을 직접 지휘한 그의 모습을 생생히 그려 냈다. 베토벤은 연주를 성황리에 마치고 어리둥절해하며 서 있었다. 소리가 들리지 않으니 관객들의 환호와 박수 소리를 듣지 못하는 것이다. 적막함 속에서 그의 눈에 눈물을 맺히게 한 건 객석을 돌아본 뒤였다. 자신을 향해 기립박수를 치는 관객의 모습을 보고 뜨거운 눈물과 함께 안도의 한숨을 내쉬었던 것이다.

소리가 들리지 않는다는 것은 음악가로서의 삶에 사형선고를 받은 것이나 마찬가지였다. 하지만 베토벤은 포기하지 않았다. 피아노 소리를 조금이라도 감지하기 위해 피아노 공명판에 막대기를 대고 입에 물어 그 진동을 턱으로 느끼며 창작 활동을 계속했다. 베토벤이 청력을 상실하고도 명작을 창조해 낼 수 있었던 것은 이렇듯 음악에 대한 그의 열정 때문이었다.

인간의 창조 과정을 연구한 심리학자 아서 쾨슬러Arthur Koestler는 많은 사례 연구를 통해 인간의 상상력은 어느 특정 순간에 나타난다고 주장했다. 그는 저서 《창조적 행위》The act of Creation에서 이런 현상을 '이연현상'bisociation이라고 정의했다. 이는 문제를 해결하기 위해 모든 열정을 쏟아부을 때 아직 존재하지 않는 관계, 아직 우리가 이해하지 못하는 관계가 서로 맺어지는 과정을 말한다. 쾨슬러는 이연현상에서는 반드시 전제조건이 필요하다고 했다. 바로 열정이다. 열정이 없으면 이연현상은 나타나지 않는다.

아르키메데스의 유레카eureka는 '알겠어, 바로 이거야!'라는 뜻으로 위대한 발견의 순간으로 널리 알려져 있다. 하지만 아르키메데스의 열정과 몰입이 없었다면 이 발견의 순간은 존재하지 않았을 것이다. 시칠리아 히에론 왕과의 친분과 왕관의 순도를 알아내려는 그의 열정이 유레카를 만들어 냈다. 뉴턴의 사과도 마찬가지다. 뉴턴에게 열정이 없었다면 사과는 그냥 사과일 뿐이다. 남들은 쉽게 지나칠 수 있는 사과였지만 그의 열정과 몰입으로 이연현상을 만들어 낸 것이다.

창조적 발견은 열정을 가진 사람들에게만 보인다. 그렇지 않은 사람에게는 단지 일반적인 현상에 불과하다. 무한한 열정은 이연현상을 만들어 내고 지금까지 없었던 세상의 모든 발견과 발명을 만들어 낸다. 열정은 잘만 쓰면 쓰레기가 아니라 창조의 어머니가 된다는 사실을 기억하라.

세상을 향한 호기심으로
열정의 유효기간을 늘려라

198명의 강연자, 30여 만 명의 관중, 연예인 70여 팀. 2011년 광주에서 시작해 20여 개 지역을 다니며 80회에 걸쳐 진행된 한 토크콘서트의 발자취다. 젊은이들에게 열정과 응원의 메시지를 전달하기 위해 진행된 이 콘서트는 이 시대에 많은 의미를 던져 준다. 왜 이들은 많은 시간과 돈을 들여 이런 행사를 마련했을까? 그것은 힘든 시대를 살아가는 청춘들에게 열정과 꿈을 주기 위해서였다. 그렇다면 열정은 어디에서 나오는 것일까? 어떻게 해야 이들에게 열정을 갖게 할 수 있을까?

그 답은 자신감과 비전에 있다. 최근 자신감을 강화하는 방법으로 NLP Neuro Linguistic Program를 활용하는 사례가 많아졌다. 신경언어 프로그램이라고 불리는 이 방법은 20세기에 개발된 실용심리학의 한 분야다. 인간 행동의 긍정적인 변화를 이끌어 내는 기법을 종합해 놓은 지식 체계의 명칭이기도 하다.

NLP 공동 창시자 리처드 밴들러_{Richard Bandler}는 "NLP는 두뇌를 사용하는 방법을 가르치는 프로그램"이라고 소개한다. 그에 따르면 우리의 뇌신경은 우리가 내뱉는 말에 의해 새롭게 프로그래밍된다. 그래서 말하는 대로 생각하고 행동한다. 우리의 뇌는 진짜로 말하든 가짜로 말하든 구분하지 못하고, 일단 생각을 하면 그대로 만들어 내려는 속성이 있다. 말로 시인하면 반드시 이를 증명해 내려고 하기에 열정락서 같은 토크콘서트가 효과를 발휘하는 것이다. 수많은 강연자들의 이야기는 청중들의 생각과 행동을 바꾸고 자신감과 에너지를 부여해 열정을 불러일으킨다.

인간의 두뇌를 들여다보면 더욱 재미있는 사실이 숨어 있다. 인간의 뇌 중에서 가장 앞쪽에 있는 전전두엽에는 동기센터, 기획센터, 충동조절센터가 있는데, 그중 동기센터는 강한 열정을 관할하는 기관이다. 이 부위가 손상을 입으면 수동적으로 행동하고 자발성이 없어지며 의욕을 상실한다. 말수가 줄어들고 표정이 없어지며, 움직이거나 감정 표현을 싫어하게 된다. 열정이 고갈돼 무기력증이 찾아오면 나타나는 현상들이다. 그렇다면 이 전전두엽의 동기센터를 활성화하는 방법이 없을까? 뇌과학자들은 세 가지 방법을 추천한다.

첫째, 자신이 하고 싶은 것을 할 수 있도록 자율성을 부여하라. 너무 재미있어 가슴이 두근거리거나, 밤새워 해도 전혀 지루하거나 피곤하지 않고 다음 날 또 할 수 있는 그런 일들을 찾아라. 타인의 꿈을 듣거나 자신의 간절한 꿈을 얘기하는 것도 효과적이다. 이는 비전으로서, 열정락서의 유명인들이 자신의 꿈과 열정을 이야기하는 것만으로도 공감과 열정을 불러일으키는 원인이 된다.

둘째, 적절한 보상을 활용하라. 동기는 외적 동기extrinsic motivation와 내적 동기intrinsic motivation로 나뉜다. 외적 동기를 위해서는 금전적인 보상 또는 그에 상응하는 대가를 지불하라. 이를 통해 열정을 불러일으킬 수도 있다. 하지만 더 효과적인 것은 내적 동기로 발현된 열정이다. 뭔가 성취하면서 느끼는 감정들, 갈망들은 눈에 보이는 보상보다 더 큰 열정을 만들어 낸다.

셋째, 열심히 운동하라. 운동을 하면 가운데 뇌가 두꺼워진다고 한다. 그런데 그곳에 동기센터가 위치하기 때문에 운동을 하는 사람들은 평소에 에너지가 넘치고 하고자 하는 동기가 강하다. 어찌 보면 운동선수들이 승부욕이 강한 이유도 여기에 있다고 볼 수 있다. 재미있는 건 세계적인 대가들은 한결같이 운동하는 것을 좋아하고 열심히 한다는 사실이다.

사람마다 열정의 유효기간은 다르다. 어떤 사람들은 30분 열정을 발휘하지만 어떤 사람들은 30년 열정을 발휘한다. 왜 이런 차이가 발생하는 것일까? 그 이유는 바로 '공부'工夫라는 단어에 숨겨져 있다. 한자를 보면 글자에 각각 두 개의 작대기가 있다. 위의 작대기는 이상to-be을 의미하고 아래의 작대기는 현실as-is을 의미한다. 결국 공부란 이상과 현실의 간극을 줄이는 과정이라고 정의할 수 있다. 즉, 끊임없는 열정은 세상만사에 대한 호기심과 그것을 해결하기 위한 과정에서 나온다. 결국 열정은 자기가 하기 나름이다. 어떻게 전략을 수립하느냐가 열정적인 대가와 무기력한 실패자를 결정한다.

한번 실천해 보라. 먼저 원대한 꿈과 비전을 그려 보자. 그런 다음 단계별로 목표를 설정해 잘게 쪼개 본다. 그리고 하나씩 실천해 보자. 작은 성취감을 느껴 보는 것이다. 불가능한 꿈은 사전에 없애 버리는 것이 좋다. 늦었다고 포기할 필요는 없다. 때론 늦게 피는 꽃이 더 아름답다. 열심히 한 자신을 인정하고 칭찬해 주면서 하루하루 쌓아 가다 보면 곧 몰라보게 달라져 있을 것이다.

에필로그

지난 17년 동안 섰던 크고 작은 강연에서 늘 마지막 말은 '지행병진'知行并進이었다. 아는 것과 실천하는 것을 선후로 구분 짓지 말고 동시에 진행하라는 의미이다. 이는 율곡 이이 선생의 사상으로 '실행하지 않는 지식은 죽은 지식이요, 실천하지 않는 신념은 죽은 신념'임을 담은 글귀이다.

이제 책을 덮으면서 16가지나 되는 창의적 인재들의 습관이 꽤나 익숙하고 이미 알고 있던 것들과 크게 다르지 않음에 맥이 빠져 할 수도 있다. "어디서 많이 본 것 같은데?", "이건 누구에게 들었던 이야기네!" 등등. 그렇다면 자신에게 다른 질문 하나를 던져보라고 권하고 싶다. "나는 왜 아직 창의적이지 않은가?"라고 말이다.

치열한 현장에서 만난 창의적인 인재는 끊임없이 찾고 궁리하고 결국 실행하는 사람이었다. 그들의 실패마저도 빛나는 성과였음은 말할 나위가 없다. 지식을 쌓기만 하는 인재, 알고만 있을 뿐 실행할 줄 모르는 인재는 주변을 맴돌 뿐 현장을 장악하지 못한다. 안다는 것으로 스스로를 위안하고 있다면, 아직은 때가 아니라며 입으로만 읊조리고 있다면, 이제 과감히 행동으로 옮겨 보자. 각자의 아이디어를 향해 자신을 던질 이들을 응원하며 글을 마감하려 한다.

나의 앎과 경험을 책으로 남길 수 있도록 실행으로 이끌어 준 최진 편집자에게 감사의 마음을 전한다. 늘 나와 같은 고민을 나누는 아내, 사랑하는 예나, 민우에게도 고마움을 전하고 싶다.

참고문헌

《생각에 관한 생각》, 대니얼 카너먼, 이진원 역, 김영사, 2012

《생의 한가운데》, 루이제 린저, 전혜린 역, 문예출판사, 1998

《존 호킨스 창조경제》, 존 호킨스, 김혜진 역, FKI미디어, 2013

《디자인 씽킹》, 로저 마틴, 이건식 역, 웅진윙스, 2010

《카탈리스트 코드》, 데이빗 에번스, 리처드 슈말렌지 공저, 김태훈 역, 한스미디어, 2008

《괴짜 경제학》, 스티븐 래빗, 스티븐 더브너 공저, 안진환 역, 웅진지식하우스, 2007

《카피캣》, 오데드 센카, 이진원 역, 청림출판, 2011

《창조적 파괴》, 리처드 포스터, 사라 캐플런 공저, 정성묵 역, 21세기북스, 2010

《메모 습관의 힘》, 신정철, 토네이도, 2015

《열정은 쓰레기다》, 스콧 애덤스, 고유라 역, 더퀘스트(길벗), 2015